图说天下·国家地理系列

跟着诗词去旅行

郝娟菡◎著

四川人民出版社

图书在版编目 (CIP) 数据

跟着诗词去旅行 / 郝娟菡著 . -- 成都：四川人民出版社，2019.10（2024.3 重印）

（图说天下 . 国家地理系列）

ISBN 978-7-220-11458-8

Ⅰ．①跟… Ⅱ．①郝… Ⅲ．①旅游指南 - 中国 Ⅳ．① K919

中国版本图书馆 CIP 数据核字（2019）第 109186 号

GEN ZHE SHICI QU LÜXING
跟着诗词去旅行

郝娟菡 著

责任编辑	王卓熙
封面设计	周 正
版式设计	周 正
责任校对	邹 近
责任印制	周 奇

出版发行	四川人民出版社（成都市三色路 238 号）
网　　址	http://www.scpph.com
E-mail	scrmcbs@sina.com
新浪微博	@ 四川人民出版社
微信公众号	四川人民出版社
发行部业务电话	（028）86361653　86361656
防盗版举报电话	（028）86361653
照　　排	上书
印　　刷	北京天宇万达印刷有限公司
成品尺寸	170mm×240mm
印　　张	12.5
字　　数	210 千字
版　　次	2019 年 10 月第 1 版
印　　次	2024 年 3 月第 5 次印刷
书　　号	ISBN 978-7-220-11458-8
定　　价	29.90 元

■版权所有·侵权必究

本书若出现印装质量问题，请与我社联系调换

电话：（010）82021443

前言 Foreword

当月光漫洒窗前，远山的青黛揉进了大足的斑斓，山城雨夜，李商隐仍呢喃着思恋；当胧月轻歌翠羽，天外的烟雨氤氲了岱庙的苍红，泰岳峰巅，杜甫总叨念着中原。

一首诗，一阕词，一个世界。或许，因为一首诗、一阕词而恋上一个地方，的确有些冲动，但是，有的时候，冲动一下，未尝不是一种幸福。

被铅灰色圈禁的眸，最渴望的，永远都是山巅那一抹翠金；被黑白色桎梏的心，最希冀的，无外便是湖畔那一缕青红；生活将我们锁缚了太久太久，以至哪怕只是窥见了诗中一角的倾城、词里断续的绝丽，我们依旧愿意竭尽全力去追逐、去探索、去镌刻、去铭记。

追随着诗词的脚步，我们总能在不经意的时候相遇一份期待已久的感动。

月落霜天，乌啼辗转，载着满满一船枫红的客舟，在姑苏城的烟雨中，摇落了《枫桥夜泊》的张继藏在留园春深中的所有烂漫；琉璃青空，水墨残红不泯的桂香间，涌动着《忆江南》的白居易在钱塘潮头描绘的倾城之景……

无论是词语诗章中的画桥烟雨、田篱秋菊装点了我们的向往，还是我们早就盼着与流转在岁月里的风景来一次经年之后的相逢；无论是笔尖蜿蜒的清风朗月、雄山秀水交织了我们的憧憬，还是我们早就想着在春秋的转角与一份份被记录的美好来一次不期而遇，其实，都很好。

来吧，来和《跟着诗词去旅行》一起，掬一束亘古的桃红，泛舟诗海，漫步词山，寻一个只属于自己的远方，求一段冀而不得的深情吧！

曾经,
它是皇权的宠儿,
政治风云的见证者,
如今,
它洗尽铅华,以端庄的姿态,
旁观这个城市的繁华。

旖旎温婉的水乡，
是很多人的梦想之地，
那惬意的时光，
夹在温润的河风中，
氤氲在你眼前。

粗干虬枝、伞盖如云的胡杨,
将金黄的叶片在狂风之中挥舞,
阐释着生命的顽强与辉煌,
大漠烽烟中的伟大生命所缔造的壮美,
撼人心魄!

目录 contents

Chapter 1　红尘紫陌，诉不尽光辉岁月

- 北京　万千宠爱于一身 …………………… 2
- 西安　品不尽的古都风情 …………………… 6
- 南京　梧桐绿荫里的城市 …………………… 8
- 成都　邂逅那份烟雨情怀 …………………… 12
- 重庆　巴山夜雨漱芙蓉 …………………… 15
- 洛阳　牡丹流艳歌白马 …………………… 22

Chapter 2　苍茫古道，镌刻千年风情

- 敦煌　驼铃响断玉门关 …………………… 30
- 塔克拉玛干沙漠　大漠放歌 …………………… 34
- 塔里木胡杨林　岁月的样子，撼人心魄 …… 38
- 嘉峪关　城头袅袅话烽烟 …………………… 44
- 专题　笔走春秋：一首诗，一个世界 …… 50

Chapter 3　烟波画船，流水洗花颜

- 苏州　画桥烟波动绮罗 …………………… 56
- 杭州　随风飘送的相思梦 …………………… 62
- 扬州　精雕细琢的眉眼 …………………… 67
- 绍兴　乌篷摇落的远方 …………………… 69
- 乌镇　枕水人家 …………………… 74
- 南浔　桃花流水，岁月静好 …………………… 80

Chapter 4　人间芳菲，水如罗带山如屏

桂林　如歌的行板 …………………………… 88

阳朔　时光流转之地 …………………………… 93

昆明　彩云之南，春波向晚 …………………………… 96

白帝城　水天一色多灵秀 …………………………… 102

西岭雪山　云海上的冬日恋歌 …………………………… 104

专题　翰墨悲欢：一篇锦绣，一段深情 …… 110

Chapter 5　风月江天，浪漫诗卷缱绻

长江三峡　山水之性灵，天地之大美 …… 116

漓江　天光云影了无尘 …………………………… 118

青海湖　蔚蓝色的野望 …………………………… 124

壶口瀑布　咆哮云天的苍黄 …………………………… 130

钱塘江　一江烂漫一江潮 …………………………… 136

洞庭湖　云转画屏漪青螺 …………………………… 142

Chapter 6　远山眉黛，流转岁月的柔情

泰山　巍巍中华魂 …………………………… 150

华山　险字回时，岳上西楼 …………………………… 154

嵩山　五岳之宗，倾城绝艳 …………………………… 160

峨眉山　秀色粉黛，仙人宿处 …………………………… 165

黄山　立于云天之间 …………………………… 172

庐山　云锁高峰水自流 …………………………… 179

专题　文中饕影：就一盘诗菜，尽酌百味　184

Chapter 1

红尘紫陌，诉不尽光辉岁月

北京 万千宠爱于一身

登幽州台歌
唐·陈子昂

前不见古人，后不见来者。
念天地之悠悠，独怆然而涕下。

  黄金映幽燕，蓟北有雄城，千古兴亡事，不过酹秋风。昔日，陈子昂登幽州台，谱下了"前不见古人，后不见来者"的生命悲歌；如今，"独怆然而涕下"之名士已化亘古，那依旧耸峙在北京大兴旧地的高台却在"天地悠悠"之间，将千年的时光拼接成了一首独属于"幽州故地"、千年帝都——北京的绝世赞曲。

  关于北京，我们有太多太多的话要说。这是一个承载了中华民族无数光荣与梦想的城市；是发展速度位居世界前列，却又有着厚重的文化底蕴的城市；是一个将现代文明和传统文化融合得淋漓尽致的城市。对于一座城市来说，种

▲ 故宫午门

午门正中门楼左右的两座阙亭内设钟鼓。何时鸣钟，何时击鼓，都有规定。皇帝出午门祭祀坛庙时鸣钟，祭祀太庙时击鼓，皇帝升殿举行大典时则钟鼓齐鸣。

种头衔和层层光环实在太过夺目，几乎让人们忘记了它也有着真实琐碎的人间烟火。

对于今天的中国人来说，北京游的"重头戏"早已不只是长城、天安门了，这座不断蓬勃发展的城市，也有了越来越多的新地标。三里屯太古里就是其中的典型，2008年，它在万众瞩目下拔地而起。近几年炙手可热的建筑设计师隈研吾一手将它打造成拥有19座独立建筑的现代建筑群。开放式的场地被别具风格的线条切割成不同的空间，加上庭院、花园和四通八达的胡同，曾经古老的胡同群立刻焕发出新的生机。

当然了，北京城里还拥有那些在永恒的历史长河中焕发无限生机的传统文化精髓，故宫就是其中之一。故宫旧称紫禁城，是明清两代王朝的皇宫。24个皇帝曾经在这里运筹帷幄，主宰着华夏芸芸众生的命运。故宫的建筑是中国古代建筑的代表，木质结构，雕梁画栋，青石白底，红墙黄瓦，金碧辉煌。故宫的格局极为规整，分别由正门、东门、西门、北门把守四方。静静的金水河环绕其间，如同一面明镜，映照着日升月落与沧海桑田。故宫博物院里有着无数瑰宝：珐琅器、唐三彩、汝瓷、钧瓷……它们如同一首首直抒胸臆的诗，将泱

▲ 颐和园石舫

◀ 圆明园

泱泱华夏的文明集于具体的形色间，美不胜收。

颐和园是中国现存最大的皇家园林。无数殿堂、楼阁、园林被回廊串联起来，连绵的林海与青山碧水环绕四周，站在万寿山上俯瞰这庞大的园林，恍惚间，它似一块琥珀，将瑰丽的四季景色与河流一般绵延的历史凝固其间。夏季，在这座昔日帝王的夏日行宫中泛舟赏荷，是来北京必做的事之一。阳光将一池湖水染成金色，绵延的长廊像一条彩带飘荡在湖水中。

毗邻颐和园的是圆明园。圆明园始建于康熙年间，由长春园、绮春园和圆明园组成。众所周知，英法联军在1860年将整个圆明园洗劫一空，还焚毁了如今已难觅踪迹的园林与木质建筑。今天我们所看到的圆明园，虽然只有断壁残垣，但昔日的光辉依然在阳光下依稀可见。这曾经在清王朝占尽天下风光的园林如今沉睡在风雨之中，沉睡在现代北京的旧梦之中，它将历史的尘埃埋葬在春天的野草和秋天的落叶中，再不肯说，再听不见。

在北京，另一个不得不去的地方当属后海。后海也称什刹海，虽然叫海，可事实上它只是一潭湖水。在很多人看来，后海是北京现代与传统两种文化交融的典型代表。后海的传统，不仅在于这里有鼓楼、石桥、湖水，更因为在后海还硕果仅存地保留着真实的胡同生活。胡同口，红漆木门虚掩着，檐铃正随风响起。在后海，日常生活仿佛被浓缩了，既真实，又极富观赏性。

每一个来到后海的人，恐怕都要羡慕住在后海边上的人。清晨，当阳光射进四合院的天井，人们便慵懒地起床，在院子里洗洗涮涮。推开院门已是响午时分，那些极具北京特色的小吃——炒肝、爆肚、卤煮、馄饨，已经冒起热腾腾的白气，还有酸甜可口的老酸奶，在陶瓷瓶子里散发着诱人的香气。下午，在胡同深处随便找一家咖啡馆坐下，与小说和猫为伴，几个小时的时光轻得仿佛一片羽毛。夜幕降临时，后海边的酒吧就像烧开水般渐渐发出声响，当夜色完全吞没了这片奇异的空间，这水似乎也烧至沸腾。甜美的、沧桑的、嘹亮的、低沉的、漂泊的、安静的……各种风格的音乐像糖浆一样从无数个酒吧门口缓缓流出，调制成了一杯独特的鸡尾酒，只需喝一口，听一声，便可醉倒在湖边。

这慵懒、这逍遥自在，或许就是"京韵"吧。如果你要真正感受后海的美，或者说感受北京的美，最好能做一条金鱼，24小时都睁大眼睛，才能不错过这里的每个精彩瞬间。

遇见·诗词里的远方

·北京的万种风情·

　　北京无疑是中国人文旅游资源最丰富的城市之一。其中故宫、颐和园、圆明园、天坛等记录了明、清王朝的辉煌和传统文化的繁盛。而八达岭长城更是将金戈铁马的岁月一一再现。如今北京也有了越来越多的新地标，吸引着年轻人的眼球，比如欢乐谷、798艺术区、什刹海、三里屯太古里、五道口等。

　　北京郊外的慕田峪长城、司马台长城雄奇险峻，也值得一看。

▲ 秦始皇兵马俑

西安 品不尽的古都风情

过华清宫绝句三首（其一）

唐·杜牧

长安回望绣成堆，山顶千门次第开。
一骑红尘妃子笑，无人知是荔枝来。

水墨淡染映青山，金城千里歌琅嬛。那一年，那一日，灞桥的风吹落了华清的花，大明的月洒遍了芙蓉的雨。帝王一命，骁骑漫卷，"山顶千门次第开"，马踏烽烟，"一骑红尘妃子笑"，只缘"荔枝来"。或许，当《过华清宫绝句三首（其一）》在杜樊川笔下隽永成绝响的时候，红颜倾国亦祸国；春秋改易、岁月如恒，而今，再咏佳篇，我们念念不忘的却只有那生死相栖的帝王深情，那洁白无瑕的纯纯爱恋，那"回望绣成堆"的繁华绚丽，那流连不尽的长安风情……

西安是一座古老而神奇的城市，它是华夏文明的发祥地之一。西安的历史可以追溯到新石器时代，13个王朝曾在此建都，将繁盛与衰败镌刻在这苍茫大地上，在岁月长河中绽放出温柔而坚定的光芒，使得这辽阔的渭河平原散发出浓郁的浪漫色彩。西安的名胜古迹数不胜数，而这些遗迹无法用某一种风格来界定。无论是秦始皇兵马俑、大明宫，还是秦始皇陵、乾陵，都体现了中华民族永不枯竭的想象力。

兵马俑想必是西安最为人熟知的景点了，人们对兵马俑规模之庞大、创意之精妙而感到无比震撼。如今，兵马俑坑已有3个坑洞被发掘。

兵马俑的艺术价值不言而喻。这些宏大的艺术作品是以现实生活为基础进行创作的，手法细腻逼真。陶俑的神态表情迥异，装束各有不同，就连发饰和手势也各有自己不同的含义。走进展厅，你一定会误以为闯进了两千多年前的秦朝，士兵们披坚执锐，气势磅礴。虽然他们是没有生命的陶俑，却让人恍惚中听到战马嘶鸣，以为鏖战在即。

相比兵马俑，西安古城墙是一部活的历史书。西安古城墙是明初在唐朝长安城的基础上建立起来的。城墙为防守而建，自唐朝之后经历了后梁、后唐、后晋、后汉、后周、宋、元几代，规模没有大的改变。西安古城墙有吊桥、护城河、闸楼、箭楼、女儿墙等建筑工事，构成了严密完整的军事防御体系。看着这座城墙，你会感叹几千年前那些金戈铁马的场面是何等激烈，又是何等轻易地被人们遗忘在历史长河中。

除了举世闻名的古代建筑，在西安的街头巷尾还散落着无数绚烂的时光印记，在老百姓的寻常话语中蕴藏着数不清的传说，这些都能让你为之动容，让你想要了解城市背后的故事。

遇见·诗词里的远方

古老的西安是华夏文明的发祥地之一，陕西历史博物馆再现了几个王朝的辉煌。大唐芙蓉园、小雁塔和华清池，都非常值得游览。

西安郊外也有许多著名的历史遗迹，这其中包括规模宏大的秦始皇陵，阿房宫遗址、鸿门宴遗址等。此外秦岭野生动物园的丛林野趣和华山的巍峨景观也具有极高的游览价值。

南京 梧桐绿荫里的城市

Nanjing

江南春
唐·杜牧

千里莺啼绿映红，水村山郭酒旗风。
南朝四百八十寺，多少楼台烟雨中。

初柳淡拂衣，闲花落清月。"千里莺啼绿映红"，"水村山郭"，风动"酒旗"，杜樊川静坐南窗、笑品嫣红，慨"南朝四百八十寺"，叹"多少楼台烟雨中"。笔落锦绣，道尽了江南无尽的春色。春色满穹庐，白云话苍狗，梧桐疏枝，飞絮盈雪，星星点点的雨，早斑驳了岁月的城垣。南朝晚钟不再，金陵旧都，却仍有钟山横斜晚秋、玄武潋滟冬雪、栖霞轻笼莫愁、长歌唱断琵琶、一曲悠吟夫子……

▼ 明孝陵秋日风光

▲ 南京眼步行桥夜景

　　张艺谋的电影《金陵十三钗》，让南京的沉痛再一次映现于国人的脑海里。在一些诗词中，南京是一座充满了悲情的城市，"商女不知亡国恨，隔江犹唱后庭花"是对秦淮河畔的烟花女子流传最广的描述；而"南朝四百八十寺，多少楼台烟雨中"，还有"寒塘渡鹤影，冷月葬花魂"，又无不透露出这座城市的凄美与苍凉。

　　高大的法国梧桐，是南京最常见的树。盛夏时节，树枝在半空中交合，为城市撑起一把绿色的大伞，抵挡毒辣的夏日艳阳。浓荫下的玄武湖里，是绽放的荷花，那藕荷色的花瓣密密实实，随风摆动，像一道道优雅却狂热的巨浪，让那些只见过荷花高洁宁静一面的人不禁大呼意外。在南京，找一个可以俯瞰玄武湖的旅馆小住，登高远眺，城市的房屋参差不齐，错落有致，那鲜活的生活气息可以让人将跌宕的前尘往事远远地抛诸脑后。长居于此的人们或许难以像此刻的游人这样，轻易就能捕捉到城市苍凉的血脉和那些脍炙人口的诗词歌赋、历史典故。城市的外围，是空蒙的青山和苍翠的松柏，如同一座永远焕发着生机的城墙，守护着城市和芸芸众生。此情此景，让人不禁想起《登金陵凤凰台》中的名句："凤凰台上凤凰游，凤去台空江自流。吴宫花草埋幽径，晋代衣冠成古丘。三山半落

秦淮河畔

夜晚，秦淮河水静静地流淌，河畔古色古香的客栈默默守候着城市里最后一片宁静。

青天外，二水中分白鹭洲。总为浮云能蔽日，长安不见使人愁。"

一句"多少楼台烟雨中"注定了我们要在淅沥的雨中与南京城相遇。细雨中，若是能效仿古人秉烛夜游，游览夫子庙，该是怎样一番情怀？夫子庙彼岸，是游人如织的秦淮河。不难看出人们"蓄意"要再现昔日繁盛的秦淮胜景，只是如今这热闹非凡的漫天霓虹，让夜色多了几番艳俗，反倒少了金陵独有的风韵。也罢，每个时代都有自己的风格与特点，谁也不能奢望逃脱这宿命。夜晚的秦淮虽已不似当年，好在月光依然皎洁，骈四俪六依然隽永，那就借着这清明的月光怀古一番吧。

或晴或雨，来到南京都免不了要上雨花台走一遭。据说，梁武帝时，曾有高僧云光法师在今天的雨花台处诵经弘法，望普度金陵众生。云光法师的坚持与虔诚感动了上天，终于精诚所至，金石为开。一时间，天花纷纷坠落地面，落地的花瓣化作美丽的石子，雨花台由此得名。这传说实在美丽，若是在细雨中，雨花台的气质便更加让人感觉真切。踏着青石板一路走去，沿着山道能看到许多小贩懒散地贩卖着美丽的雨花石。但是雨花石真的该被带到世界的各个角落吗？或许，这样灵秀的石头还是留在这青山细雨中，才能永远保持它的灵动与鲜活。

都说湖泊是城市的眼睛，雨后初晴的清晨，玄武湖美得平淡而从容。在六朝以前，玄武湖被称为桑泊，是水军的训练场所，当然它也一直是王公贵胄们游乐的场所。站在这清风湖畔，还依稀能追寻到衣袂飘飘的古人对酒当歌的微醺感觉。

▲ 雨花台烈士纪念碑

明孝陵的甬道旁，苍松翠柏已挺立六百多年，阳光被树的枝条和繁茂的针叶切割成细小的碎片，在青石板上洒落了一地斑驳的光影，游人可以踏着这历史的足迹，一步一步走向这六朝古都的心脏，走向这个昔日盛极一时的王朝。

明孝陵前方的碑殿，竖立着"治隆唐宋"的石碑，相传这块石碑由康熙皇帝亲手书写而成。石碑两侧的碑座都是支离破碎的，修补的痕迹依稀可见。南京的繁华和落寞似乎都浓缩在了这墓园中，"金陵王气黯然收"，这六朝古都的繁盛与颓败，如今已经化作历史的尘埃，飘落在我们身后。苍劲的古树下，不谙世事的孩子们一路欢声笑语，他们是时间的花朵，是未被岁月荡涤的人之初，而南京的古老气息却无时无刻不散发在空气中，温暖着华夏子孙们。

Chengdu
成都 邂逅那份烟雨情怀

春夜喜雨
唐·杜甫

好雨知时节，当春乃发生。
随风潜入夜，润物细无声。
野径云俱黑，江船火独明。
晓看红湿处，花重锦官城。

　　浣花溪畔，鲜花拥枝，千朵万朵，竟化作了霓裳万缕；草堂深处，绿柳艳阳，万条千丝，全绣作了当春细雨；随杜甫的眸光而潜入夜，无声地润物。抬望眼，见的不独是"江船火独明"，还有那阑珊处的锦里、榕荫下的宽窄、伫立在霜天的武侯祠，还有那潺潺淙淙的黄龙溪、幽绝天下的青城山、波涌千端的都江堰……一夜春雨后，晓看红湿，锦官花重、翠柏清流，绯色的轻云卷着烟岚，蓉城绝美，不外如是。

　　"蓉城"成都，一颗镶嵌在四川盆地里的璀璨明珠，卧躺在岷江中游地段，东傍龙泉山脉，西靠邛崃山脉。据宋代《太平寰宇记》载，市名出自典故"周王迁岐"，所谓"一年而所居成聚，二年成邑，三年成都"。成都古为蜀国，秦时置为蜀郡并建城，汉时设有专管织锦的官员，故有"锦官城"之称。五代后蜀时遍种芙蓉，故有别称"芙蓉城"，另有"天府之国"的美称。

▲ 武侯祠，是刘备和诸葛亮君臣合祀的祠庙。汉昭烈庙即刘备殿，里面有岳飞手书《出师表》，值得一看。

　　成都，古蜀国文明的发祥地，从建城伊始便染上了浓厚的人文气息，还留下了不少英雄人物、文人骚客的身影：浣花溪畔的杜甫草堂沉淀着杜甫一生的坎坷；武侯祠传诵着诸葛武侯"出师未捷身先死，长使英雄泪满襟"的报国豪情……

　　成都属亚热带季风气候，生物资源非常丰富。珍稀植物有银杏、珙桐等；珍稀动物有大熊猫、小熊猫、金丝猴等；中药药材种类繁多，其中川芎、川郁金、乌梅、黄连等闻名全国。

　　成都市旅游资源丰富，以秀美的自然风光和丰富的人文景观而著称，市内尤以永陵、青羊宫、武侯祠、杜甫草堂等景区最具特色。郊区更有不容错过的

▲ 正在表演中的川剧艺人和他们的"脸谱"

好地方：可观赏拥有原始林海、奇花异草、云海激瀑、日照金山景观的西岭雪山自然风景区；以幽深的山林、幽静的古道、幽香的山花、幽趣的鸟鸣、幽雅的亭阁、幽邃的岩穴为特色，并冠有"青城天下幽"的青城山；规模宏大、布局缜密、结构科学的都江堰等。成都周边还有剑门蜀道、九寨沟、峨眉山、四姑娘山等驰名景观，成都还是前往西藏的主要中转地。

成都戏曲在唐代便有"蜀戏冠天下"之誉。主剧种是形成于清代的川剧，繁多的剧目幽默风趣，表现手法丰富多样。其特色动作，以及独具特色的伴奏器乐，配上"变脸""吐火"等绝技，令人叹为观止。

成都，还是一座民俗文化的天堂。其源远流长的文化历史，影响了几乎所有的成都人，熏陶着成都的现代文明，传承着宝贵的民俗传统。春节的灯会，正月黄龙溪古镇的火龙节，农历二月十五各大公园的花会，三月龙泉驿桃花会，六月郫县望丛祠赛歌会，农历八月新都桂花会，九月国际熊猫节，十月温江菊花展，十一月金橘节等，令人眼花缭乱。

当然，提起成都，我们还会想到缓慢的生活节奏，令人垂涎的美味小吃和那无处不在的茶馆……

重庆 巴山夜雨漱芙蓉

Chongqing

夜雨寄北
唐·李商隐

君问归期未有期,巴山夜雨涨秋池。
何当共剪西窗烛,却话巴山夜雨时。

叠红染翠微,雨雾恋朦胧。一千多年前,隐居巴渝的李商隐,在巴山夜雨淋漓的夜晚,为复友人之问,仰长空,发出了"何当共剪西窗烛"的浩叹;彼时,商隐眸中映照的是云霞,心中挥不去的是怅惘;今日,重临山城,再逢夜雨,你我眼中,迷离的却是三桥的奇秀、三峡的妩媚、磁器口的茶香、洪崖洞的流光、大足的旖旎、酉阳的桃红、南山的沧桑……一回首,一辈子,眷眷总难离,风华自难忘,由是,君问归期时,尝答未有期,便也变得理所应当起来。

重庆,地处华夏西南,长江、嘉陵江襟带而过,群山环围、丘陵广布,有"山城"之誉。自宋而今,千百年风烟过眼,洗尽铅华之后的山城,虽已没有了"铜梁"时代的厚重与苍古,但碧树掩映重楼、繁花点缀灯火、青砖覆着霓虹,却别有几分明秀的味道。

曾与山城相逢的你我,其实都很清楚,它的骨子里总蕴含着一种江湖气息,火辣而豪爽,纵使那山、那水,辗转的从来都是彩色的浪漫,但透过远处那橘红色的灯火、街头那热辣辣的火锅,却仍能窥见它那额外炽热的灵魂。

三桥映芙蓉,巴山有夜雨:武隆喀斯特景区·缙云山

相遇山城,一如相遇了一场七彩迷离的幻梦,下意识地追逐那纷飞的赤橙黄绿,待回首,却早在武隆最得天独厚的石语峰情之中迷离。

武隆喀斯特地貌景区,位处重庆市武隆县,是世界自然遗产,素以神秘、

▲ 航拍武隆天坑地缝景区

天坑地缝，是一幅绚丽多彩的丹青画卷，两岸夹道的岩石千姿百态，岩壁上，丛林遮天蔽日，森然欲合。

◀ 芙蓉洞

壮丽、瑰美著称。

武隆有三绝：天坑地缝、天生三桥、芙蓉洞。

天坑地缝是最典型、最奇幻的喀斯特地貌之一，非武隆独有，但除了武隆，却再也没有哪个地方，能将这山、水、泉、岩在岁月中沉积的绝美展现得这般淋漓尽致。

地缝蜿蜒近5000米，天坑深近500米，雄奇险峻，气势磅礴。壁立的峰峦渲染着青灰色的绝丽；葱茏的茂木流溢着远古的温情；飞湍急流、瀑布悬泉，映着阳光，折射出一缕碎金色的美好。

下天坑，入地缝，蜿蜒前行，既能在狭隙曲幽之中仰观那一线澄净的蔚蓝，亦能在百转千回之后，看一幅由钟乳石与天光、暗河与石岩交织而成的唯美景致。

溯梦，溯梦，梦在何方？梦在桥上！

循着隐藏着岁月痕迹的碧空流水，一路前行，不觉，便已迈上天生三桥。天生三桥是亚洲最庞大的喀斯特天生桥群，位于武隆东南，秀而幽绝，神秘异常。

天龙桥高大雄奇，厚重中点染着几许"迷魂"的旖旎；青龙桥凌空孤悬，雨后飞瀑流泻成虹，壮美瑰丽；黑龙桥雾流潺潺，悬飞一线，幽中带雅，宽而沉凝。三桥纵列，桥中有洞，洞中生洞，洞若迷宫，蔚为大观。

站在桥上，举目远望，黛色的烟云袅袅，一片明媚中，最平和的却还是那悠悠的芙蓉江、秀美的芙蓉洞。

芙蓉洞奇石遍布，2700米的长穴内辗转的尽是钟乳石的辉煌、石笋的玲珑，一石一泉、一水一岸，斑斓处，刻画着宇宙无穷。而流光映照处，倒映的不是岁月，而是芙蓉江的深情。

芙蓉江蜿蜒了千年，那环成了"U"形的臂膀却从未将芙蓉洞忘却，放眼无垠的水上原始森林里，袅绕的也总是眷眷的啼鸣、深情的呓语。只可惜，一场痴恋，终归无果。于是，在某个黄昏，漫漫江水全化作了巴山的夜雨。

巴山，非指大巴山，其名源古，实为温塘峡畔、北碚云下的缙云山。

相传，缙云山为远古氏族缙云氏的族地，是远古颇负盛名的部落聚集地之一。然而，时移世易，于今，古迹仙踪终归邈远，只留下烟雾中钟灵毓秀的群山。

缙云山不太高，最高海拔亦不足千米，但山间多云雾，或淫雨霏霏，或薄雾冥冥，春有群芳绽翠，夏有万木葱茏，秋有艳阳红叶，冬有素雪轻虹。晨曦黄昏，姹紫嫣红，流溢着不一样的霞光异彩；长夜黎明，一滴滴、一点点、纷纷扬扬的雨水更晕开了秋池、涌动了山花，留下烂漫满眼、倾城无数，美不胜收。

淡淡青花瓷，袅袅佛头香：磁器口·大足石刻

芙蓉江畔芙蓉洞，缙云山上缙云开，当花影横斜了月色，三桥痴迷了过往，邂逅磁器口，邂逅民俗，也是绝妙的选择。

▲ 重庆千厮门嘉陵江大桥

◀ 磁器口

磁器口古色古香，氤氲着明清古风，是重庆古城的缩影和象征，被赞誉为"小重庆"。

　　磁器口古镇，坐落在重庆沙坪坝区，汤汤嘉陵江水自西向东，蜿蜒而过，流走了不尽的春花秋月，亦沉淀了无数的精致与感动。

　　磁器口作为沙磁文化的发源地之一，以瓷煊赫，因瓷闻名，明清时期，曾有过"白日千帆过，入夜万点明"的繁盛；民国时，更是西南举足轻重的商业名埠；即便是现在，洗尽铅华之后的它，仍不负"小重庆"的眷眷浓情。

　　一条石板路，千年磁器口。走进磁器口，就如同走进了一卷歌诗咏雪、漫书香、叹繁华的无尽画卷，一江二溪，似尽不尽，三山四街，古雅清容。

　　磁器口有三多：庙宇多，名人足迹多，茶馆多。

　　香火鼎盛、雄伟壮观的宝轮寺，清幽中带着几许儒雅气质的文昌宫，古色古香的复元寺，仙风缥缈的云顶寺……九宫十八庙，处处是风情。

　　情浓处，抬望眼，不经意间，眸中的倒影，便成了无数人心中、足下的诗和远方。

　　譬如徐悲鸿，譬如丰子恺……

　　邂逅过它的人，委实太多太多，有人挂念于九石缸的水色河香，有人恋

恋于古码头的船帆渔火，有人不舍翰林院的淡淡墨痕，有人独喜凤凰溪的倾城……但在被打捞起的月色里，最动人心绪的却不是细腻的瓷，而是淡淡的茶香。

磁器口纵列12条街巷，氤氲着明清古风的檐角下，有近五分之一的小店都裹裹着那用碧叶与清泉融成的清香。夕阳西下时，坐在茶馆中，细细品茗，悠悠观景，看看打场围，听听老川音，纷繁扰攘之间，竟颇觉岁月静好，人生安然。

出了茶馆，再坐在嘉陵江畔啃两口"陈麻花"，也很不错。

当然，趁云开花未散，再到大足石刻去看看，便更觉无憾。

大足石刻是重庆的文化地标，世界八大石窟之一，共有石刻群75处，历经唐、宋、元、明、清五代而完成。规模宏大，题材多样，有佛、道、儒三教摩崖造像千余尊，其中，尤以佛教造像为最，宝顶的大佛、北山的观音更是静美辉煌得超乎想象。

灯火错落处，碑接数万重：洪崖洞·解放碑

挥一挥衣袖，告别古镇的烂漫、摩崖的雍容，移步向前，洪崖洞的灯火辉煌便已映入眼帘。

洪崖洞是重庆巴渝风情最浓厚的地方，成片的土家吊脚楼，依着山，傍着

跟着诗词去旅行

水,裹挟着夕阳,用承载了数千年的芳馨,在山城勾勒出了一道星空下最璀璨的立体式剪影。

无论是慵懒的午后,还是飘雨的黄昏,洪崖洞那夹杂在扰攘中的宁静都有些平平无奇;唯当夜色阑珊、繁星漫空,当千厮门大桥上绽放了第一缕霓虹,那被璀璨灯火瞬间渲染的洪崖洞,才足称倾城。

彼时彼刻,仰首而望,恍惚间,竟颇有几分《千与千寻》的既视感,就是不知道,在那烂漫了世界的灯火里,是否真的有汤婆婆和白龙隐匿其中。

循着灯火,一路迷离,一路追寻,走过纸盐河酒吧街,走过天成巷巴渝风情街,走过城市阳台异域风情街,又走过盛宴美食街,吃过了、玩过了、乐过了,纵不曾见烟雨迷蒙中洪崖滴翠的盛景,那11层楼,处处皆马路的奇景,却也令人叹为观止。

转身洪崖洞,将岁月凝成忧伤,走走停停,不知不觉,便已到了解放碑前。

解放碑,是老重庆的地标,也是一座国家级的抗日胜利纪念碑。

碑为石铸,通体乳白,八角形,顶端有钟数座。整点时,群钟

▶ 解放碑

20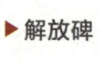

▲ 洪崖洞民居霓虹掠影

齐鸣，声传十里，颇为壮观。

久伫碑前，左望悠悠历史，右瞰世间烟火，恍惚间，便已走过了烟云万端。待凝眸，再邂逅，见的或许便是横跨波涛万顷的索道，是零落在彩云中的白帝城，是峥嵘古怪的丰都"鬼城"，是雄奇俊秀的三峡，是神秘诡异的小寨天坑，是风光独秀的龚滩，是能"从你的全世界路过"的十八梯……

岩溶深秀，缙云回澜，潇潇夜雨垂落了月色，洪崖洞灯火漫漫，解放碑挺拔着旧岁，九曲十八弯的山道流转着向往。君问归期未有期，重庆，是值得用一生欣赏的地方！

洛阳 牡丹流艳歌白马
Luoyang

秋思
<small>唐·张籍</small>

洛阳城里见秋风，
欲作家书意万重。
复恐匆匆说不尽，
行人临发又开封。

　　当翠绿的春辗转成淡黄的秋，云乍起，叶零落，一蓑苍茫向晚，金谷园畔，张籍一袭青衫，踽踽在洛阳的雨中。匆匆的脚步，丈量了古城的寥落，匆匆的笔端，书写道不尽的乡思。意万重、书万重，徘徊、担心，剪不断理还乱的诸般思绪，最终，化作了洛阳城里漫卷的秋风。拂过那冠绝天下的牡丹，腾起那千载悠悠的白云，吹动那钟鸣悠悠的白马寺，穿越那重峦叠嶂的老君山，掠过那沉淀了苍古的龙门……风华几番，惊艳流年。

　　龙门峥嵘关林秀，牡丹开遍白云悠。洛阳，自古而今，蕴藏了太多的向往。

　　洛阳，位处河南之西、黄河之南，曾是中华文明发祥地，九州名府，中原胜地。五千年诗与歌、火与血的浸润，给了它太多的倾城，亦赋予了它无限的厚重，岁月流岚，终归灿烂。它四面环山，山水纵列。山跌宕，水壮阔，迤逦之间，或许水色山光化

Chapter 1 · 红尘紫陌，诉不尽光辉岁月．

◀ 龙门石窟夜景

▲ 千年帝都洛阳，昔日城市繁华、宫阙嵯峨，天下文人名士云集于此，留下了众多的风物胜迹，瀍壑朱樱就是其中之一。（图为近年复建景观）

作的不是那悠悠的洛阳铲，但风华过眼，诠释的却是最动人的眸子、最隽美的容颜。

漫步洛阳，芳菲处处有，遗迹时时新，关林庙、白马寺、白云山、抱犊寨、龙峪湾、国花园、金谷园、天津桥……翠色幽冶，痴恋花红。作为13朝古都，洛阳值得流连与驻足的地方委实太多太多，多得数也数不清。然而，这其中最厚重、最静美、最别样的要数龙门石窟了。

龙门晴烟中，白云出岫里：龙门·白云山

龙门烟雨说霓裳，云落山峡水流觞。古都的城垣上浸润着沧桑，石窟的莲台上镌刻着夕阳，佛陀凝望的或许不是远方，但伊阙的山水唱断的却是岁月。

23

▲ 龙门石窟

伊阙，在洛阳南郊，因东西有两山巍峨夹峙，中有伊水潺潺东去，山水相映，形若门扉，是以又名龙门。龙门之西为龙门山，山色旖旎，飞瀑流泉：春有繁花开，夏有黄莺啼，秋有彩林舞，冬有雪花飞，一派绝色烂漫。每当雨后，梅蕊新晴，山崖裂隙间，便有天光斜漏、霞影千重，朦胧中别有几分奇趣。踏山光，攀藤萝，一路向上，无须片刻，露水黄叶便在湛湛天光下凝成了青石最唯美的无言。龙门最形胜者或许不是龙门山，但龙门山的石窟却无疑是龙门最惊艳的一卷。

龙门石窟，为中国四大石窟之一，与莫高窟、云冈石窟、麦积山石窟齐名。

石窟开凿于北魏孝文帝年间，历经数代，浮沉几度，有摩崖造像10万余尊，碑碣题刻近3000处，瑰丽奇伟，辉煌壮观。奉先寺中高17.14米的卢舍那大佛，潜溪寺中敦雅温宁的大势至菩萨，宾阳洞精美绝伦的佛本生壁雕，万佛洞攒簇密集的1.5万余尊佛像，莲花洞栩栩如生的浮雕巨莲，药方洞中镌刻的古老方剂……漫步石窟，就仿佛走进了千姿百态的佛国。或许，那或精美或粗犷的线条流转的不是永恒，但线条背后，潜隐的却是无尽的喜怒哀乐，值得我们去细品、去追忆、去探寻。

从石窟的秀色中转身，若有闲暇，泛舟伊水、荡楫芦香，在唱晚的渔歌中与夕阳说一声再见；或踱步对面的香山，品一品白园的精致，看一看白居易的故居，抚今追昔，怡乐融融。当然，若你实在无意邂逅龙门用石头与诗编织的清歌，那裹着午后最温煦的艳阳，和白云山来一场意料之外的相逢，却也不错。

白云山，位处洛阳嵩县伏牛山腹地，奇峻幽独，清隽澄美，山水大观，秀绝天下。漫步山间，一片璀璨的金与蓬勃的绿在阳光下邂逅，芦花谷摇曳的雪白瞬间便点染了那满地鲜活的芳草。不待夏木葱茏褪去，仰起头，透过那斑斓的叶，便能望尽小黄山金秋最旖旎的风光。千年银杏林里，一片片，一丛丛，飘落的不是黄叶，而是云霞的祈盼、冬日的眷恋。若在烂漫山花、泠泠碧水的陪伴下，登顶玉皇，晨观八百里伏牛之日出，夜赏星空万里之绮秀，悠扬之间，更见绝丽。

白马钟声远，夹纻锦绣长：白马寺

白云出岫处，三五歌悠扬。作别白云山，漫步洛阳城，不知不觉，便已在白马的晨钟中驻足。

始建于东汉永平十一年（68）的白马寺，有中国佛教的"祖庭""释源"之称，寺虽不大，但历史悠久，楼阁轩丽、宝塔威严，蔚为壮丽。白马寺，因"白马驮经"的传说而闻名。寺山门前，有石马一对，虽非活物，但栩栩传神，骁勇中带着宁和，颇是灵秀。踱步山门，漫步白马寺，青葱过眼、满目净秀，整齐划一的僧舍、古朴沉厚的大殿、享有盛誉的比丘道场的齐云塔院固然令人向往，但最引人注目的却还是那在风雨中漂泊了千年的许愿井，是那精致得不像话的元代夹纻干漆造像。

许愿井略有些斑驳，映着浓荫，倍显苍古。相传，只要往井中投一枚铜钱，便能一生平安、喜乐健康。传说或不足为凭，但沐着清凉，踩着斑斓，在"噗通"一声中将心中可望而不可即的希冀具现，却也是一种浪漫。

夹纻干漆造像，为白马寺的镇寺之宝，供奉在大雄宝殿，共23尊。佛像皆以丝、麻编制而成，栩栩如生，形态各异。韦驮儒雅温和；药师慈和庄重，释迦牟尼宝相庄严；十八罗汉姿态不一。虽数百年岁月缝花，那一座座造像却仍色彩明艳，所谓神奇，不外如是。

另外，白马寺中，还有一口重逾2500斤的大铁钟，每日晨曦初露，洪亮的钟声便以白马寺为原点，悠悠远扬，响彻古都，成为古都最清远的一道风景。

牡丹真国色，金谷翠色悠：洛阳牡丹园·金谷园

白马共朝夕，钟声响朝露。辞别白马寺，漫漫前行，眸中，闪过峰峦万丈，掠过荷香袅袅。轻掬古城流岚，划过澹澹幽芳，但一切旖旎风光中值得你我凝眸细细观看的，却唯有那"雅称花中为首冠，年年长占断春光"的牡丹。

洛阳为千年帝都、牡丹花城，牡丹绝色，冠领芳尘。四月芳菲，牡丹初绽的时候，洛阳牡丹园中便朱蓝点翠，粉墨凝香，花叶扶疏，数十万株牡丹争相盛放，蔚为清艳。

漫春芳，濯溪泉，跨过小桥流水，转过亭台阁宇，举目而望，姚黄魏紫、欧碧赵粉，各色牡丹摇曳着东风露华，典丽倾城。烈红灼灼，赤烟袅袅，热烈总称绝代；鹅黄端美、墨绿奇崛，淡妆浓抹，自一派相宜相合；彩语万千、花开斑斓，隋宫西苑"千年牡丹王"更以不染纤尘的无瑕之白，绽放在万斛春色中，是最素美的一片晴岚。

别了牡丹园，若仍有时间，倒不妨去金谷园走走看看。金谷园，在洛阳东北，原为西晋巨富石崇的别墅。园子依山就水，迤逦而建，规模极其宏大。

园内茂林修竹，清溪潺潺，幽村稻香，荷塘唱晚。有假山玲珑奇秀，有长桥曲折迂回，有繁花初绽若汪洋，有阁宇辉煌如天阙……千姿百态，如诗如画。

尤其是阳春三月，绿柳婀娜的时节，万条丝绦垂碧草，一园春雨话斜阳，灼灼十里桃林外，迎春独放雪絮香。莺歌啁啾，鱼跃清池，细碎的阳光把青空交织成了一抹抹无语的斑斓，悠悠垂落，便是一地的烂漫。所谓唯美，不外如是。

◀ 金谷园内的桃花

▲ 牡丹园内盛放的牡丹

洛阳有"千年帝都,牡丹花城"的美誉。洛阳牡丹花朵硕大,花色奇绝,花开时节,洛阳城花海人潮,竞睹牡丹倩姿芳容。

春晴暮色里,东风把臂歌。洛阳那么大,美景那么多,就算逛得精疲力竭,我们也逛不完,但那又有何妨?双足所向处,尽是天堂。

洛阳除了美景,还有无尽的美食:不翻汤滚滚,胡辣有浓情;烫面饺一碗,当就燕菜尝;水席流转处,鲂鱼飘香、羊肉点红。如是,相遇洛阳,尽可大快朵颐,方不虚此行。一片冰心玉壶中,山水纵列、钟鸣花语,幸福亦早飞扬,不是吗?

遇见·诗词里的远方

·关林·

关林,是国内唯一一座冢、林、庙合一的关庙,位处洛阳关林镇,相传关羽之灵首便埋葬于此。虽名为林,实为庙,庙内,仪门方正、墓冢常青、有800余株古柏夹御道而生,翠色浓荫,朱墙绿瓦,古朴沉厚。

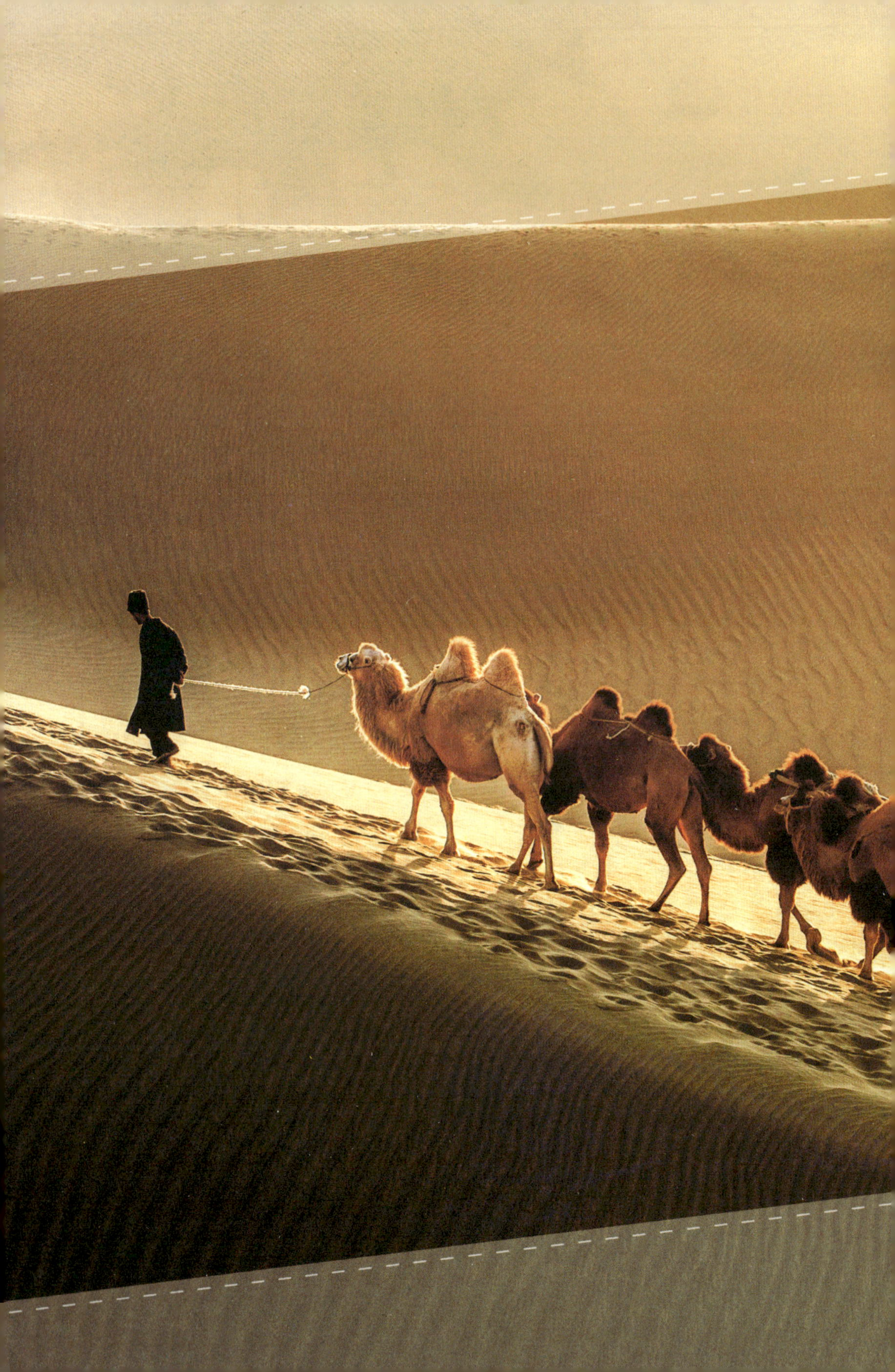

Chapter 2

苍茫古道，镌刻千年风情

▲ 敦煌鸣沙山

敦煌 驼铃响断玉门关

Dunhuang

送元二使安西

唐·王维

渭城朝雨浥轻尘，客舍青青柳色新。
劝君更尽一杯酒，西出阳关无故人。

昔日，王摩诘与友人别，虽语极疏落，但沁骨离情中，亦常带着几分愁绪："安西"穷途地，荒芜苍凉，友人此去，境遇该何等凄凉？然而，摩诘却不知，有的时候满目昏黄亦是壮美，大漠孤烟浑然绝美。莫高窟的飞天旖旎了岁月，鸣沙山的晴鸣惊艳了时光；弯弯月牙下，一弯月牙泉，伴驼铃声声，更将敦煌千年的柔情潋滟。

千年梦易碎，玉门关上君泪冷，别时人皆散，寂寞沙洲空牵念。驼铃踩着千年的步点由远而近，又由近而远，响断了玉门关，惊散了沙洲烟。

是谁的步子，一路蹒跚？是谁的心中，沧桑一片？是谁的过往，战火硝烟？是谁的眼前，繁华未散？

敦煌，盛大辉煌。古往今来，这里都是一片无垠的荒漠，孤烟飞天，长河落日。

▲ 玉门关

祁连山从远处而来，又往远处而去，目睹了敦煌的传奇，枕着金戈铁马睡去。罗布泊的浩瀚，连接着敦煌的西疆，把那些神秘，写得更加绵长。那些说不清的故事和传说，都在漫天的黄沙中，卷入罗布泊的远处。

大漠的孤烟升腾而起，游人的心里一阵凄凉和悲壮。古往今来的敦煌，怀抱了多少的牺牲和守望，壮烈和悲怆？只有驼铃依然如故，只有明月千古留存，只有敦煌知道敦煌的辉煌和沧桑。孤烟在晚霞里飞过，身披一道寂寥的光芒，消逝在远处。宛如当年的美丽，无与伦比，却消失不见。

在敦煌的土地上漫步、驻足，对着大漠落日一声叹息，对着流沙明月抚今追昔。然后，在这里雕刻下撼动世界的灿烂画卷，不说一句话，却饱含了对世人的慈悲，对佛祖的敬畏。

莫高窟壁画中的飞天，穷尽了这世上最美的颜色，漂亮的丝带、优雅的舞姿和美丽的笑脸，将这世界的美好展现到了极致。千手观音的慈祥，牵出了敦煌无可比拟的过往。

千百年前，许多路经此地的商人，都在这里留下佛的画卷，45000多平方米的画卷，1000多年的心愿，祈祷佛祖护佑这片土地，护佑前路顺利。不难想象，当莫高窟的壁画展现在世人面前，那是怎样一种震撼。

踩在这片土地上，和风一起奔跑，追逐远方的驼铃。历史跪倒在沙石里，沉重的双膝覆盖了千年的风霜，那些没有信守诺言春来还乡的远行之人，那些寂寥逝去空留念想的空闺……都在这辽阔的大漠深处，用古老的狼烟，诠释了历史的创伤。

敦煌的岁月，记忆和时光一样漫长，长到驼队跨出西凉，长到大漠长风吹散了离殇，长到兜兜转转的时光，淡去了前世的模样。

鸣沙山的石子是否记得，当年谁的家书传到了玉门关？当年谁东望故园路漫漫？又是谁在马上相逢没有纸笔所以凭君传语报一声平安？是谁放胆醉卧沙场还吟咏着"古来征战几人回"？

所以鸣沙山夜夜悲歌，想为不归之人奏一曲战歌，引得春风来度玉门关。那冲天的厮杀呐喊，那不绝的战火硝烟，在鸣沙山成了一首催人泪下的史诗，而离人的泪，滴成了这眼月牙泉。

这月牙泉自古如旧，从未干涸。苍茫戈壁的长风，吹了万年，吹干了花草，吹干了白骨，却没吹干这月牙泉。离人的泪，世代洒落，荡漾着不灭的思念和牵挂，还有咬着牙的不甘。

月牙泉守着鸣沙山，夜夜听鸣沙山的悲鸣，又怎能止得住泪流？

是夜，残月如钩，月牙泉里一阵荡漾又倏忽消散。那是怎样的牵念，过了千年岁月，依旧不泯不灭不消不散？

阳关之外，已没有故人的身影，若有酒，就在此饮上一杯。西出阳关，从此孑然一身，从此空留思念无

敦煌莫高窟

▲ 傍晚的沙漠，空气中飘荡着苦涩的寂寞，骆驼停下缓慢的脚步，望着远方。

人比邻。这里洒过多少相思的眼泪，这里碎了多少离别的酒杯。流沙堆不住过往，就硬生生地掩埋了思念，风干了泪水，梦断了离魂。雪白的长纱飘在沙丘上，残阳照出一个悲怆的敦煌。大漠风过，呜咽作响，每个游人都禁不住泪流满面。

　　莫高窟的佛祖庇佑，枕戈待旦的忠魂都将在此安然睡去。

　　时光永不止步，历史会清洗过往。我们还会有多少岁月怀念这里的死亡，我们还会有多少心思赤着脚站在沙漠里祈祷？无论何年何月，驼铃都一声一声响过，风卷着流沙抚平了驼队的脚印，却掩不住声声驼铃，阵阵战歌，年年感怀。那些英魂将在壁画的精髓中得以流传、得以护佑、得以祭奠。

　　玉门关外，敦煌的盛大，永世流传。

塔克拉玛干沙漠 大漠放歌

Takelamagan shamo

从军行七首（其四）
唐·王昌龄

青海长云暗雪山，孤城遥望玉门关。
黄沙百战穿金甲，不破楼兰终不还。

  长云漠漠，征雁随风千里落，回眸处，青海青青玉门色；曾几何时，王江宁从军边塞，漂橹之间，孤城遥望，望的不是关内的灯火繁华、映红倚翠，而是那茫茫瀚海、凛凛沙丘，是那被掩藏在流年深处、不破楼兰终不还的百战雄兵，是那用苍茫与沙砾糅合的金甲，是那落落的风、悠悠的云、昆仑的雪、羌河的水以及塔克拉玛干灼灼挺立的胡杨树！

  在历史的尘埃中，楼兰是塔克拉玛干的一滴泪，在辉煌了数百年之后，那迷离的失踪，其实是化作了一缕青烟，在茫茫戈壁滩上，将灵魂永久地封存。你听，古老西域途中，驼铃的声音还在叮当作响，那片盐泽和荒原，至今还有无数后人前来瞻仰。

  从敦煌伊始，走出玉门关，沿着古"丝绸之路"不停向西行走，那一路渐行渐远中，尘世的浮华逐渐褪去，胸腔中虔诚之心怦怦跳动。千年之后的今天，那一方神奇，终于得以真切地遇见；那一方繁荣，终于得以真切地触摸。那茫茫的戈壁、无垠的荒漠，仿佛是一处灵魂的安息之所，无论是古村还是废墟，都是不朽的精神家园。

  传说，很久以前，人们热切地渴盼着，如果能引来天山和昆仑山的雪水，那干涸的塔里木盆地定会充满盎然生机。一位仁慈的神仙被百姓的真诚深深打动，他有两件非凡的宝物，一件是把金斧，另一件是把金钥匙。他将金斧子交到一族人的手中，用以劈开阿尔泰山，如此一来，清凉凉的雪水便能灌溉到这方盆地。他还想把金钥匙交给另一族人，让他们用它来打开塔里木盆地中的宝藏。谁知神仙的小女儿玛格萨弄丢了钥匙,从此,盆地中央便成为今日的塔克拉玛干大沙漠……

一路中,走过的是"丝绸之路"的旧址。曾几何时,这里便是汉武帝下令修筑的驿道,所经之处,烽燧袅袅。如今,那道路早已被风蚀,面目全非。

终于到了罗布泊,眼前,便是让人内心隐隐作痛的古楼兰王国的故地。面前的罗布泊,变成一个干涸的湖盆,而昔日的美丽,在想象中径自溢出,依稀可见。

如今的罗布泊,形孤影单中,凄凉不再,在的,只有安详的姿态,在苍穹间,化作沙漠中最为坦荡的一种色泽。

绕过罗布泊,顺着干涸的孔雀河一路往上追溯,在沙漠的东沿,那些散落着的如荒冢一般的废墟便是楼兰古城。

终于,终于在这样的时刻,与历史交会于一处。于时光而言,不过是不经意的一瞥,于我们,却是千年的守望与渴盼。古老的楼兰,像一阵风,吹起,散去,风过时交织的悲喜,扑朔而迷离。人们曾在"丝绸之路"上,停歇

▼ 沙漠中楼兰佛塔遗址,今天已然残破不堪。

▲ 塔克拉玛干沙漠中的胡杨，是这片土地的不二风光。

于此，然后各奔东西。这里曾有过的繁华，一如阳光洒下的金光。遥想楼兰盛世，遥想当年……

如今，那城池仍然显出巍然壮观的姿态。房舍、大殿、街衢、庭院……曾如蜂巢般整齐地排列，时至今日，仍让人感慨万千。恍惚中，楼兰人、安息人、中原人，交谈的声音、往来行走的声音，糅成一团。

最终，那一片繁荣，还是选择了无声地沉寂。北魏军攻入，楼兰王被俘，一个古国，遂隐匿起踪影。

一片荒凉的戈壁滩，一片炙热无垠的沙漠，几多历史的残肢，在几经落寞后，绽放出文明的笑容。那茫茫的色泽，仿佛天的尽头，无数史学家们流连其间，时刻探寻着这个古老王国的秘密。

▲ 这是沙漠中的奇迹：树木葱翠、河水默流，还有美丽的风化腐蚀岩风光。

　　天地之间，时间与空间不停地交错开来。感受大漠氤氲的炙热之气，淡淡的悲恸中，虔诚逐渐散播开来。行走的途中，穿越的途中，仿佛自己便是一个苦行僧，期待着一种无声的蜕变，让冥冥中的灵魂找到至诚的皈依之地。

　　一条路，连接中原和西域。塔克拉玛干大沙漠，无疑是一方厚重的土地，却时刻显出寂寞的姿态。

　　是谁的诗卷卷起无数盛唐的风沙，谁的羌笛吹出两汉的史帙？一切皆是虚空，无论是风沙还是荒漠，皆是虚空。唯有精神永恒，唯有命运永恒。

塔里木胡杨林 岁月的样子，撼人心魄

Talimu huyanglin

十一月四日风雨大作二首（其二）
南宋·陆游

僵卧孤村不自哀，尚思为国戍轮台。
夜阑卧听风吹雨，铁马冰河入梦来。

天青色的烟雨是叹息，塔里木的胡杨应绝丽，万里黄沙漫卷轮台，大漠长河悠扬岁月；尘烟淡远，那一袭儒衫、曾以铁血思戍守、"僵卧孤村不自哀"的男子早已不在，但当繁星抛了夜空、戈壁融了秋风，雨落朦胧，飒飒黄叶，耿耿胡杨，清歌的却不是铁马，不是冰河，不是入梦的峥嵘，不是卧听的风雨，而是片片芦花雪、萋萋芳草丛、艳艳红柳枝、潺潺塔河波，是大漠烽烟中最撼人心魄的"江南"秀色！

胡杨，被称为"沙漠英雄树"。

它有着娇美的姿态和金黄色的叶子，但人们赞美它，却并不仅仅因为它高大的身躯和庞大的根系，更是因为它不屈不挠、坚韧不拔、顽强抗争的精神。

粗干虬枝、伞盖如云的胡杨，将金黄的叶片在狂风之中挥舞，阐释着生命的顽强与辉煌。这荒漠之中的伟大生命所缔造的壮美，早已成为新疆精神的象征。生而千年不死，死而千年不倒，倒而千年不朽。胡杨的沧桑大美，值得你细细品味。

千年不死的大漠英雄

新疆人热爱胡杨，他们将它称为"最美丽的树"，在他们的眼里，胡杨是这个世界上最值得称颂的珍奇树种。而事实上，胡杨确实珍奇，作为第三纪残遗植物，它在地球上的生存时限已经超过6500万年，远比人类更了解这个星球。

不到新疆，不知胡杨之美；不见胡杨，不知生命之悲壮。当湖畔金黄色的胡杨倒映在水中，将水面染成了一片金黄时，古树、碧水、蓝天，就好像是一幅浓墨重彩的油画，千万年的沧桑静美带来的震撼会让你无处躲藏，只有屏住呼吸，静静地聆听它在风里的诉说。

全球有60%的胡杨在中国，而中国80%的胡杨在新疆。经历了漫长的进化过程，胡杨的生命力已远超我们想象。塔里木胡杨林国家森林公园位于塔里木河畔，地处新疆巴音郭楞蒙古自治州尉犁、轮台两县境内，面积广阔，有100多处古老胡杨林道，供你欣赏不同形态的胡杨。这些曾经用自己伟岸的身躯抵挡沙漠侵袭绿洲的英雄，保护着大漠仅有的一点儿绿色，构筑着绿色走廊，保护着丝绸之路。就算时光荏苒，滚滚的黄沙那肆虐的脚步也跨不过它。

塔里木河畔的胡杨至今依旧保持着原始、古朴、沧桑的风貌，在上万年大自然风雨的剥蚀之下，依旧展示着自己的美好。走在胡杨林中，你会看到一株株胡杨摆出奇特的姿态。在风的作用下，胡杨总能呈现出最有张力的姿态来震撼你的心灵，它们或站或躺，或蹲或卧，一株株怪树或苍老或年轻，表达着时光的层次。

那些看似怪异的树木，在当地的传说之中都是英雄的化身，它们和风雪相搏斗，有的像是呐喊的怒目金刚，有的像是被斩了头颅却不肯倒地的战士，还有的虽然树皮被撕裂了，却依然奋起，挥舞着断肢残臂，坚强不屈。每一棵胡杨树，都像是拥有着一段不凡的经历，等待着你去解读。夏日里，尖锐的沙暴

▼ 俯瞰塔里木河

▼ 塔里木河河道

Chapter 2 · 苍茫古道，镌刻千年风情 ·

就像是钢锉一样刮磨着它的身躯，火盆一样的大日头当空浇下来一股烈焰；好不容易熬到了冬天，来自西伯利亚的寒流又像是长着狼牙虎爪一样又撕又咬，将它的皮一块一块揭掉、将它的树枝一截一截折断、将它的根一条一条从地下抽出来……可就算如此，它还是挺立在沙原之上。直到有一天，这沙原被风掘走，它才终于倒地，激起巨大的沙尘，沉重的响声甚至撼动雪山。

沙原上的汉子倒下了，可它不屈的枝丫依旧怒指高空，翘起的主根依旧如同不肯低下骄傲头颅的烈士。胡杨见证了地球的沧海桑田，见证了罗布泊的成长变化，就算它的枝条腐朽了，身躯晒裂了，它依旧不向命运屈服。

▲ 秋天的胡杨林

见到这一幕，你一定会以为自己走进了某一部传奇影片的镜头之中。

胡杨林里的神秘罗布人村寨

尉犁有面积庞大的胡杨林，只要这里的地下水位不低于地表4米，胡杨就可以自由地存活。就算是已经旱死近30年的胡杨，只要有了水源，它还是会绽放出生命的奇迹。

能拥有如此强大的生命力，源自胡杨的根系，它们如同胡须一样扎得深、蔓延得广，一棵胡杨就可以牢固地守护一亩的土地，让土地避免沙化和流失。有的胡杨根系可以深扎到地下6米，水平方向的半径可以延伸到四五十米。当地人总是提醒外来的游人：走路要走在沙漠的"脊梁"上，指的就是胡杨林周围的土地，因为它的根系深入地下，地表沙土会相对坚硬一些，足底蹬地的时候可以加快速度，相对于行走在阻力奇大的沙漠中的人来说，这样可以节省不少体力。

走进尉犁的胡杨林，没有向导的指引很容易迷失方向，一旦失去了方向，

▲ 金黄秋色中，湖边的胡杨林穿上了它一年中最灿烂的盛装，金黄一片，倒映在水中非常美丽。秋季的胡杨树竭尽全力泼洒生命的色彩，它们的热情、它们的壮烈都在与湖水的呼应中表露无遗。

也不用着急，只需沿着胡杨林里那足迹模糊的道路走下去，也许还会遇到生活在胡杨林深处的罗布人的村庄。

　　罗布人以捕鱼为生，在荒原之上只能逐水而居。塔里木河曾经在广阔的沙漠上留下星罗棋布的海子（河水上涨或流淌形成的面积很小的湖泊），罗布人就居住在水域周围。和胡杨林外的燥热不同，罗布人村寨非常湿润，海子的通透和胡杨的大美，还有随着时间从翠绿转为金黄的树叶，都让他们的生活显得非常艳丽。

　　胡杨林深处的罗布人村寨就像是世外桃源，这里的人们有着维吾尔族人的长相，但他们有自己独特的语言体系，而且被认定为新疆三大方言之一。幸运的话，也许你还可以看到罗布人表演的传统"狮子舞"，他们表演的狮子舞和汉族狮子舞大不相同，是中国西部少数民族仿兽舞蹈中的瑰宝。

　　据当地人介绍，塔里木河养育了胡杨林，而罗布人就在海子边上找一棵大胡杨树，用树冠做屋顶，用树干做柱子，支撑起整座房子。他们将胡杨围上茅

▲ 胡杨树有"活千年不死，死千年不倒，倒千年不朽"之誉，它们傲然屹立于天地之间，大美而不言，其干硬的枝干在烈日和沙漠的摧残下，呈现出千姿百态的奇特造型，令人倾倒。

草，不剥树皮，只是涂上一层海子里挖出来的泥巴就可以长久在此居住。有胡杨的地方，就有罗布人，他们食各种鱼、野鸭和野果，乘坐着用整棵胡杨掏制的小船去海子里挂网和捕鱼，曾不种五谷，也不牧牲畜。可是随着塔里木河改道，海子逐渐减少，胡杨成片地死去，罗布人也不得不迁离家园，寻找新的海子和胡杨，并且尝试学习种植与放牧。

在尉犁乃至整个新疆境内，过着原汁原味罗布人日子的村寨正在逐渐减少。随着公路的延伸，人们更愿意去外面的世界，只有少数人家依旧守护着胡杨，按着他们祖先留下来的生活方式辛勤地劳作着。

曾经的丰饶，今日的美景

胡杨之美，四季各有不同。春天的胡杨林微微吐出了一点儿绿芽，显露出一派欣欣向荣的景象；而夏日里的胡杨林则身披绿荫，郁郁葱葱；秋天来临，胡杨林也变成一片金黄色，秀丽的风姿或倒映在水中，或屹立在大漠，尽显生命的辉煌灿烂；到了冬天，狂风飘雪，胡杨那不屈的身影也披上了银装，让人望着沙海之中的英雄慨然长叹。

很多人喜欢秋日里来塔里木河畔观赏胡杨，因为黄叶灿灿的它显得更加气势不凡，在镜头之中也更加具有色彩的张力。为了捕捉最佳的光线，天还没有亮，胡杨林里就有摄影师背着相机出没了，他们就像是一个个潜伏在林中的士兵，悄无声息地前进着。等到夜幕退去，用习惯了城市路灯的眼睛望一望天空明亮的星星，让人更能领悟到自然之美是多么迷人。

欣赏别的树木时，人们酷爱它们的青春，而欣赏胡杨却要看它的沧桑。当清晨的阳光透过树梢，树叶似乎在夜里经过了洗涤，变得更加鲜艳。柔柔的晨光斜照着树林，光影交错，令人倍感迷幻。

胡杨有沧桑之美，也同样有着勃发的生命之美，可是人们却最喜欢看它枯败而不倒的样子。在枯枝之上冒出新枝来，枯木与活着的树并体相拥，形成了许多有趣的姿态，像飞鸟、走兽，也像魔王、将军，怎能不令人兴奋异常。

枯木虽然伏地不起，可你伸手去弹一弹它灰白色的"铁骨"，依旧可以听到"砰砰"的响声，似乎是在用不屈的声音诉说着过往。一个世纪以前，探险家斯文·赫定曾经来到这里，并记录了这里的美——他说，这里遍布着沼泽与湖泊，要想穿越，只能乘坐独木舟，从密不透风的芦苇丛中穿行；有些地方的芦苇被大风刮倒平铺在地上，人可以轻松地在上面行走；强壮而自信的罗布人在这里寻找野鸭和野鹅，空气中弥漫着森林的香气……每一个字的描述都让我们对曾经的盛景充满了向往，也对如今生态平衡遭到破坏充满了悔恨。

胡杨曾经孕育了整个西域文明，几千年来被它覆盖的大片西域土地上，塔里木、罗布泊等水域长流不息，滋润出了楼兰、龟兹等36国的西域文明。拓荒与征战，让水和文明一同消失在干涸的河床之上，只有胡杨守护在这里，美丽而又忠诚、不屈服而又遍体鳞伤。每逢烈日蒸熬的时候，人们发现胡杨的树身会流出咸咸的液体，老人们说那是胡杨的"眼泪"，它们希望可以获得那一点点的水，哪怕只是上苍一滴怜悯的泪，只要洒在胡杨脚下的沙土上，就能够化出漫天的甘露，让这群战士继续屹立在那里。

胡杨之美，不仅在于它是珍贵植物；胡杨之美，也不仅在于它的古老；胡杨之美更在于它的精神。在生命稀少的大漠之上，远离水源，让人望而却步，但胡杨依旧在那里缔造了自己的美丽，缔造了自己璀璨的传说。

嘉峪关 城头袅袅话烽烟

Jiayuguan

出嘉峪关感赋四首（其二）
清·林则徐

东西尉侯往来通，博望星槎笑凿空。
塞下传笳歌敕勒，楼头倚剑接崆峒。
长城饮马寒宵月，古戍盘雕大漠风。
除是卢龙山海险，东南谁比此关雄。

月明瀚海沙如雪，秋倚楼头夜色青，每一座雄关背后都有着一段铁血与柔情夹杂的过往。在灼灼的岁月里，林则徐饮马长城，伫立寒宵，见古戍盘雕，听笳歌敕勒，博望星槎，在大漠风中，慨然而发"东南谁比此关雄"的浩叹。此关雄否？雄极！寒宵月、百尺楼、东西尉侯往来通，秋瑟瑟，人瑟瑟，自古铁马金戈由。或许，唯当一抹斜晖映了孤城，透过嘉峪关那接崆峒的无尽剑光，站在流年断隙中的我们，方能寻到一丝最真实的过往、最苍凉的岁月吧……

朔烈的北风吹折了芳草，袅袅的孤烟独映着昏黄，伫立嘉峪关下，向往的种种尽数云散，摇曳的眸光里，唯一泓山月倒映着斜阳。

位处甘肃省西北部、祁连山北麓的嘉峪关，不深婉，亦不明秀，但那用苍黄雕琢了千年的容颜却总能在不经意间令人悚然动容。它是明代万里长城最西端的起点，是古"丝绸之路"重镇，扼河西走廊之咽喉，边陲锁钥，雄关天据。虽然汉唐的风华、宋明的冶逸早已在历史中零落，但是，那镌刻在骨血中的峥嵘与风标却仍在艳阳下缠结、变幻、转延，化作草湖的新月，结成黑山的岩画，幻出祁连的净秀，更转延出了关城的壮美与浓情。

瀚海蜃楼，关城酌秋日

悠悠的云，映衬着炎炎的夏，风吹过，一地沙如雨，纵栉风沐雨数年，嘉

▲ 嘉峪关城楼

峪山上，耸峙的雄关却仍在把古远与嵯峨盛放。

　　始建于明洪武五年（1372）的嘉峪关关城，位处嘉峪关市西南近郊，偎深峡，倚险峰，城函厚重，防御森严，一夫当关时，万夫莫能开。明九镇千关，嘉峪最雄险；"河西第一隘口"，盛名千年，自是不负。

　　嘉峪关关城不算太大，占地约3.3万平方米，有外城、内城、罗城、瓮城四城，规划整饬，布局巧致，颇见气度。黄土夯成的城垣分隔内外，深深的壕沟、连绵的长城、方正的墩台、不熄的烽燧交织出了一片壁垒森严，箭楼、角楼、敌楼等巍然分立外城四方，沉厚且威严。步下城垣，一路向内，金戈铁马的峥嵘渐远，浓郁的生活气息则渐渐扑面。黑山石雕群转延着岁月，古诗词园流淌着墨香，长城博物馆常叹着长城的前世今生，文昌阁香火袅袅，关帝庙柏绿松苍，戏楼里生旦净末丑装点着昔日热血，井亭畔夕阳古井仍潋滟着最古老的记忆……

　　循着往昔的丝丝缕缕，一路向西，瓮城的檐牙雕琢了黄沙的棱角，"最后一块砖"还静静地述说着昔日匠人的智慧与大器。罗城很小，连接南北，简约中自带着几分旷野的韵味，细细品味，亦觉别样。

　　移步雄关拓，寒烽映铁衣，走在关城的角角落落，看着硝烟留下的刻痕，热血常燃胸腔，倚着略有些斑驳的古城墙，抚着那岁月遗留的淡淡印章，那金戈铁马、烽火连天的峥嵘岁月，那戍边城楼中每一个无眠的漫漫长夜，都似近在眼前。秋风朔，寒鸦泣，天高云淡的日子，追忆种种，更觉苍凉。尤其是日暮，天边一抹抹橙红映着城下一缕缕苍黄，孤城斜阳，愈添悲壮。彼时，伫立城头，遥望那在瀚海阑干中腾挪蜿蜒、若隐若现的长城，那千年绵亘无言、风光如画的祁连，那叶片疏黄、对雄关晚唱的榆树，那凄凄切切、歌着乡思绵长的鸿雁，那一派壮美的塞外风光，自有豪情无限激荡。若时间正洽，雨后有晴，瀚海霞蔚，一步步丈量着塞外辽阔的你我或许还能在关下与瀚海蜃楼来一次意想不到的相逢。蜃楼幻影，亦真亦假，但真也好、假也罢，那断断续续呈现的画面，那清晰可见的楼城、将士、战场、黄沙，那一抹带血的笑、无数坚韧的眸，秋关羌笛，烟尘路远，却总能在不经意间撼人心魄。

另外，关城内还有许多极具民俗与地方特色的景点，如水草丰美、泉澈流清的"九眼泉"，如官衙一体、大气古典，类似嘉峪军事指挥中心的游击将军府等。有兴趣的小伙伴，不妨多走走逛逛，说不定运气特别好，就能赶上嘉峪关的"仿古出关仪式"呢。

嘉峪关关城

一般说来，嘉峪关的仿古出关仪式多在国际滑翔节期间举行，气氛隆重，场面热烈，身着古装的"武官""士兵"们虽是游人客串，但也雄姿挺拔、气度不凡，有那么几分黄沙百战的意思。鸣礼炮、启城匙、签文牒、观歌舞之后，若游客们还有些意犹未尽，还能骑上骆驼、伴着斜阳，真的出关走一走，那场景，那感觉，非亲历，委实难以言喻。

烽火迷情，长城第一墩

驼铃声声，落日的余晖中垂挂着岁月的清影，四蹄跋涉南行，不经意间，便瞥见了关南最险秀、最奇丽的一处风景——第一墩。

嘉峪关有三段长城，南长城、北长城、西长城。第一墩位处西长城最南端，为万里长城之"龙尾"，大气包举，磅礴有致，堪称关南之最。

昔年，这里是河西走廊上最重要的军事据点之一，营坞纵列，驼马成群，兵多粮足，峥嵘几度。于今，战火不再，风雨销蚀，在讨赖河畔高崖上，伴长风耸峙千年的第一墩亦唯余残迹。高不过10米，宽不过14米，外部黄土多有剥落，映着残阳，委实苍凉。然而，墩台内部保存却相对完好，方方正正，一丝不苟，最见峥嵘。

伫立墩台，举目四望，大漠沙黄绵延着浩瀚的苍凉；祁连雪落，新晴中唯现穹蓝天阔。

▲ 讨赖河墩所处地理位置独特，是雄浑的万里长城之于祖国西部的真正发端，气势险峻，尤为壮观，故得嘉誉"万里长城第一墩"。

讨赖河浩浩荡荡，奔流向东，河水满卷着两壁嶙峋的灰黄，峡谷秋深，更添几分西北独有的粗犷。漂流河中，仰首望，可见一条银索横空，宛若长虹。顺着索道，滑过青空，向左，可见"醉卧沙场"群雕巍然、兵房营寨鳞次栉比；向右，可见讨赖小寨横斜，被"金镶玉"邂逅过的"讨赖客栈"似还有倩影若隐若现。向前，可见一望无垠的苍黄峡影；向后，则有祁连积琼凝素的风华常迷眼目。迷离间，不觉滑速，待惊觉，惶然中略带惊喜的尖叫却已响彻黑山深处。

黑山悬壁，石关画里翠

连绵横绝的黑山，是嘉峪关最深杳、也最绝美的一册画卷。

山极高，石嶙峋，壁立千仞间，却少见青葱。巉岩乱云，棱角惊秋，唯北坡蜿蜒15千米的悬壁长城将日光峥嵘。

悬壁长城是嘉峪关西长城最挺秀险绝的一段，始建于明嘉靖年间，由肃州兵备道李涵监筑。城不甚长，但屹立乱石，矗拔绝壁，登临俯瞰，龙蛇起陆，却是额外奇秀。然而，在黑山，最奇秀的却永远都不是悬壁长城，而是那悠悠的石关峡。

石关峡是一条东西向的深山峡谷，五代前的玉门关便耸峙其间。峡中没有似锦繁花，没有翠色连嶂，却有大大小小数百口泉眼错落广布，水流淙淙，清婉温馨，素有"黑山不老，绿水长流"之说。

踩着苔痕，绕过峭崖，不断深入，西北的山水独秀，姿态各异的红柳过眼，大草滩的波光如幕，画舟不见，唯摩崖刻画无数。石关峡峡口和四道股形沟中，色彩幽邃的黑石上，有先民与岁月共同勾勒的刻画无数。

这些岩石刻画，线条粗犷，形象简白，造型奇异，内容丰富，有飞禽走兽，有渔猎耕读，有宴乐欢饮，有行营征战，虽不若悬壁外"丝绸古道"群雕般精致玲珑，却也包罗万象，别有几分原始的风情。越过时光，在城砖上刻下一抹淡淡的殇，走过重岩，阅遍画阑，丝路未满，嘉峪千般，豪情恋恋。由是，若寻芳之意犹盛，倒不妨再去魔鬼城、七一冰川、新城魏晋壁画墓等地走走看看，即便风光不甚妩媚，却也能将岁月流长。

人说，万里朔漠间，曾有一座时光谜城，衔古接今，玄奥无穷。嘉峪关会是谜城在现实中的投影吗？你不知道，我不知道。然而，伫立关城，遥望瀚海，当第一墩的烽火与黑山的画岩交错，或许，迷惘的你我便能得到那期待已久的唯一答案！

遇见·诗词里的远方

·驼绒画·

嘉峪关流溢着西北的浑厚，这里具有独特风情的特产有许多，夜光杯、风雨雕、玉雕、石砚皆为上上之选，然而，若论独一，却还要属驼绒画。

驼绒画，顾名思义，是用不同色彩、不同密度、不同柔软度的驼绒拼接粘贴而成的纸版画。画的题材极广泛，有花鸟、有山水、有动植物，画面虽不算细密，但极富立体感；粗犷中见精致，恬淡中显雄浑，浓淡得宜，形象栩栩，是馈朋赠友、装点家居的不二之选。

专题

笔走春秋：一首诗，一个世界

落雨花前听半夏，歌风咏月即文章。

当天青色的烟雨随风飘落，当温暖的斜阳残照大地，曾以为说走就走就是幸福的我们，终于发现，原来诗词歌赋竟也能书写静美时刻，字里行间流溢的永远都是满满的感动。

掬一捧阳光，闲坐小窗，展卷书香，淡淡的情怀，淡淡的向往。

一首诗，一个世界；一阕词，一段轮回。笔走春秋，跃古浮今，最常咏的是历史，最常歌的却是四季。春夏秋冬，辗转飞扬，每一段岁月，都是一首唯美的诗。

万紫千红春风渡，幽草横舟黄鹂树：春

春，总是浪漫的，斑斓的，多情的。

春，在柳里，在花里，在风中，在雨中。春水初生，春林初盛，春风万里，绽放的尽是雍容。

古往今来，咏春者不知凡几，春之百态，尽赋笔墨淋漓。

眸光随贺知章的《咏柳》潋滟，可见早春二月"碧玉妆成一树高，万条垂下绿丝绦"的明媚；脚步循着乐天的《大林寺桃花》，可见"人间四月芳菲尽，山寺桃花始盛开"的盛荣；裹挟着一抹最温醇的阳光，走进朱熹的《春日》，"洙泗渊源之地"、孔子归葬之乡——泗水的"无边光景"亦瞬间延展：安山柳绿花红、古树蒸腾着云霞；泗水波光如玉，倒映着沿岸茵茵绿柳、万亩灼灼桃花红，不外如是。

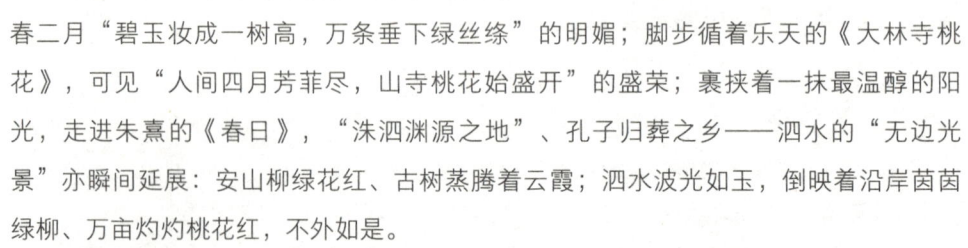

若倦了芳菲满眼，转身，随韦应物一起，赴滁州西涧湖，看看那涧边生的丛丛幽草、深树鸣的一二黄鹂，待细雨洒落，春潮卷着瓣瓣落红急涌而来，波动水动，水动影动，一片明媚；雨后天晴，黄昏斜阳，三两扁舟泊在野渡桥边，虽无了野渡无人的清幽，却也别有几分雅静。

风蒲红荷猎猎柔，疏雨池塘白鹭飞：夏

漫过春的转角，杨柳岸，惠风蒸腾流火，咫尺之间，山河万里，夏便悠然婉转。

夏栖息的地方太多太多了，多得数不清，以至，随意一采撷，便尽是葱茏。

王维以《积雨辋川庄作》截住了终南山的夏：一望如绿海万顷的水田边，一行白鹭翩飞；辋川庄的雕花渲染了七月的流火，圭峰的空林烟火疏落；南梦溪边，槿花常伴朝夕，翠叶红裳绽放了一天的安闲，袅袅的炊烟里，悠悠还有饭香，青空渔火，一片安闲。

姜夔用《惜红衣·吴兴荷花》潋滟了湖州的夏：浓密的柳树，仍有些聒噪的鸣蝉，蒙蒙的烟雨里，虹桥疏落影，水波涟涟，锦鲤游弋，晚风吹皱了残荷，凄美中见零落。

李清照凭《如梦令·常记溪亭日暮》挽住了开封的夏。溪亭日暮，黄昏唱晚，误入藕花深处，惊起一滩鸥鹭；芙蓉正盛，美人舟醉，风光一时如幕。

道潜则以《临平道中》留住了临平的夏：五月微风，吹动了蒲苇青青的叶，蜻蜓欲飞而未飞，欲立却立不住；崎岖曲折的山道旁，松风阵阵，柏木飘香，汀州远望，无穷碧，别样红，花开处处，野趣天然，引人倾心。

烟渚流萤画屏冷，征雁白菊霜叶红：秋

花落半夏，岁月如歌，溪亭的暮色犹浓，秋月便已翩跹而至。尝以为，萧瑟、凄凉、寂寥才是秋的本色，却不想，笔墨婉转间，秋竟也能变得如此丰满，如此动人心弦。

岳麓山间，峰峦叠翠，一条蜿蜒的青石小径悠然展入白云深处，清风峡里，爱晚亭悠然矗立其间，枫叶偷偷地向太阳借来了片片浓淡不一的红，火色融融，惊了不知多少行人，"停车坐爱枫林晚"之士，又岂杜牧一人？

潺潺淙淙了千年的新安江，路过建德的时候，蓦然就睁开了深情的眼眸。青碧色的水波柔柔地抚摸着被烟岚笼罩的小小汀州，立船头，极目四望，"野旷天低树，江清月近人"，旷野辽远，天竟垂落到了树荫中，泠泠的月倒影江中，少了几分清冷，多了几分暖色。纵便羁旅如孟浩然，仍不忍，遂收愁肠。

秋风萧萧的洛阳，晴色中总带着几缕浪漫的橙红，履道里白园，小桥流水，廊榭回环，叠秀的假山笑看着宴饮重阳的人，满眼金菊中，独一朵白菊傲然怒放，出尘绝俗，引得白居易激赏无限，然而，白居易所欣赏者独有"中有孤丛色似霜"的白菊吗？或许还有这"胜似春朝"的卓然秋色吧。

离了白园，若仍冀放飞几缕秋思，想相遇更多的秋色，那不妨再和杜甫一起去看看"无边落木萧萧下，不尽长江滚滚来"的苍阔辽远，随杜牧一起去看看"银烛秋光冷画屏，轻罗小扇扑流萤"的寂寥凄清，与白居易一起去看看"半江瑟瑟半江红"的壮丽唯美，同苏东坡一起去看看江南的"橙黄橘绿"……

墙角数枝寒梅，雪中万里霜天：冬

秋色无边，每次辗转，散了芳尘，却总把冬眷恋。不知不觉，眸光流滟，笔下便全是雪与梅的缱绻。

冬是属于雪的。无论是轮台八月"忽如一夜春风来，千树万树梨花开"的素雪，还是蓑笠翁孤舟独钓的江雪，无论是湖南芙蓉山天寒日暮、映了贫屋、柴门的风雪，还是"片片吹落轩辕台"的大雪，婀娜的，其实都是冬的纯净与坚强。

冬是属于梅的。无论是"驿外断桥边","无意苦争春","零落成泥碾作尘"的落梅，还是冰雪林中，"不同桃李混芳尘"的白梅，无论是琅琊王羲之故居"朵朵花开淡墨痕"的墨梅，还是成都浣花溪旁"二十里中香不断"的早梅，妖娆的，尽是冬的倔强与芬芳。

当然，冬也不是只属于雪和梅的。暮山溪横斜了梅花的那一枝竹，巫山晚风里那微寒的晴浦，江南早冬黄了的老叶、未因霜轻而凋零的萋萋芳草，野云万里、荒寂无人的塞外大漠，郑州守着冰池的寒鹜，密州山城寂寞的灯火、泠泠的笙箫，塞上的万里西风、寒月悲笳、瀚海黄沙，亦都是冬的代言。

四季飘零如梦，红白黄绿，斑斓辗转，走笔春秋，行旅翰墨，追随着一首又一首雕风琢月的辞章，邂逅一个又一个不曾去过却向往的地方，诗之所向，即是足之所向；足之所向，即为心之所向。所谓完满，大抵也便如是吧。

53

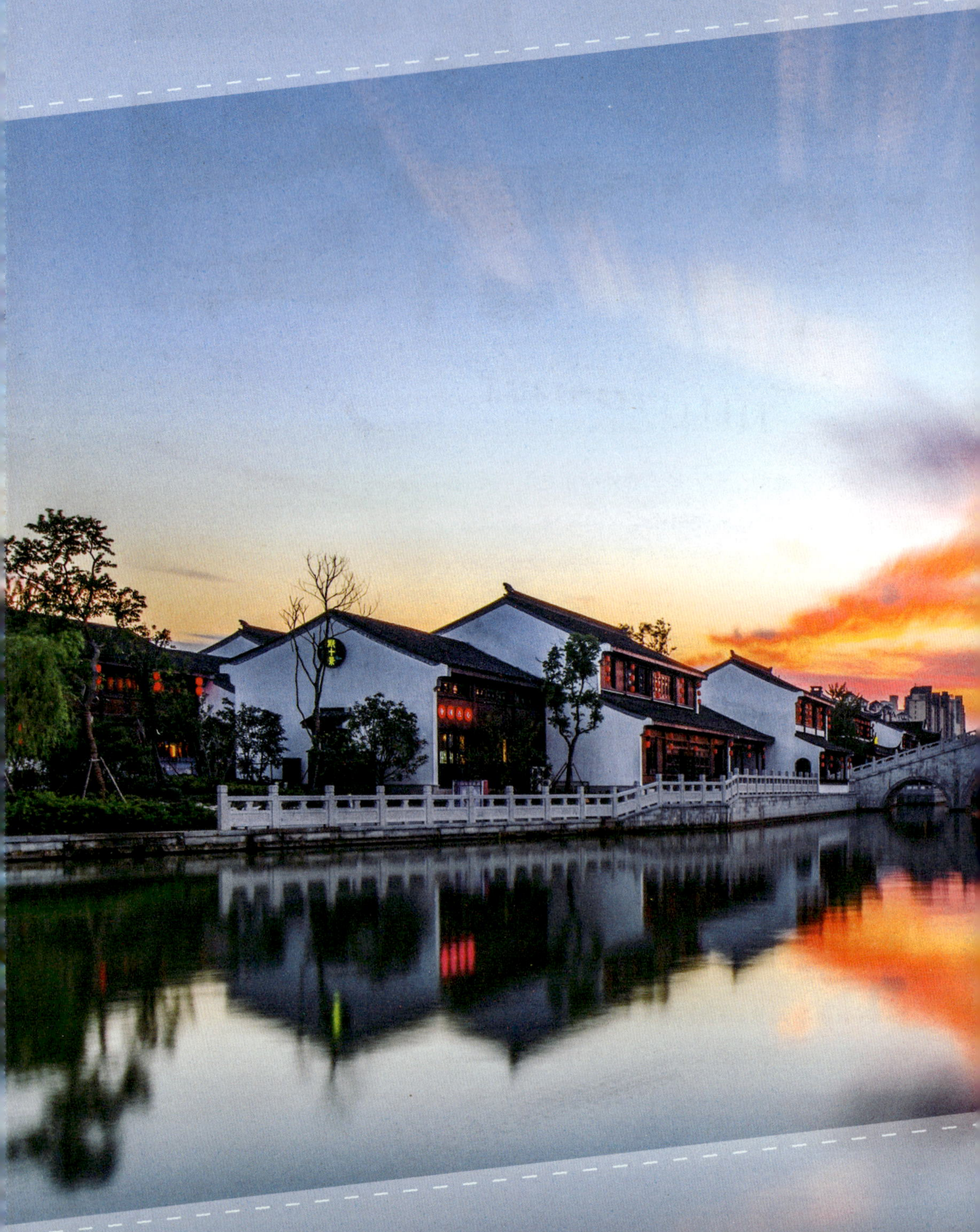

Chapter 3

烟波画船，流水洗花颜

苏州 画桥烟波动绮罗

枫桥夜泊
唐·张继

月落乌啼霜满天，
江枫渔火对愁眠。
姑苏城外寒山寺，
夜半钟声到客船。

秋声枫影下，眉蹙寒山风。冉冉渔火惆怅了远天的微光，泠泠晚钟歌咏着盛唐，自张继笔落春秋将霜天烂漫，月落乌啼、江枫渔火、夜半钟声便成了"姑苏城外"最美的一场幻梦。梦醒，梦续，客船轻舟载动的却不是满腹愁肠、一腔羁旅，而是三千画桥畔纵横的烟岚、留园春深中一篱的飞絮、虎丘书台上揽月的松影、周庄双桥下飘零的船棹、一蓑梅雨中萦雾的青黛，更是，绿萝飞逝里，那一抹名为苏州的遗绪……

伴吴侬柔柔软语，携满城桐花飞絮，它，裹着翰墨书香，自远古的水墨中迤逦而来，莲步款款，笑语翩然，婀娜的红袖里，掬的全都是江南的水光潋滟。苏州古时为吴地，历史悠久，文化馥郁，昆曲、苏剧、苏绣、苏菜、苏锦皆闻名天下。

苏州是水乡，尝有"东方威尼斯"之誉，湖泊星罗、河流纵横、水网棋布、港汊

▲ **苏州拙政园**

拙政园是苏州最具代表性的古典园林，全国以水为中心，山水萦绕，亭榭精美，花木繁茂，具有浓郁的江南水乡特色。

◀ **苏州夜景**

交错，水草青荽迤逦其中，船舶舟橹摇曳其上，两岸，有石径横斜、花木扶疏、小桥环虹、流水人家，有茶香袅袅、浣女娉婷、烟笼寒水、渔火灯鸣，水光花影，如诗如画。

画里点胭脂，诗中歌潋滟，一曲秦淮唱断了枫桥的夜月，虎丘塔顶高高援着藤萝。苏州古城不仅有水光，更有山色，天平山、东山、西山，虽不甚高，也不甚秀，但千种峰情、万般石语，却成了平江旧地最鲜活的盛荣。

山光外，画舫中，还有古镇轻漾着雍容。同里、周庄、木渎、沙溪、锦溪，一样的青砖黛瓦，演绎的却是截然不同的风光物色，不说唯美，却也倾城。当然，苏州最旖旎、最柔婉、最烂漫、最具江南韵味的地方，从

不是古镇，更不是画桥，而是那烟花三月里冠绝了江南、惊艳了天下的园林。

江南园林甲天下，苏州园林冠江南

　　江南营园之风，魏晋即有之，而苏州最盛。据载，苏州有林园计二百余处，最盛名的有四处：拙政园、留园、狮子林、沧浪亭。

　　拙政园，为"江南园林之母"，亦是江南面积最宏阔的古典园林之一，以水见长，以淑丽称胜。园内，曲水流觞，廊阁小巧，树茂花深，假山隽秀，波澜奇秀。远香堂前，芙蕖瑶落，七月盛夏，别开满池红迤；香洲倚玉，九曲廊桥，望不断山茶如玉；归田园居，松涛梧语，竹桃夹岸，天然简雅风致；鸳鸯馆舍，亭台错落，倒影凌波，疏朗中另琢轩阔；兰雪堂、缀云峰、梧竹幽居、海棠春坞，映着白雪寒梅，虬曲中则平添无限秀色。

　　秀色转角中，流云几许，拙政园的隽美天然固令人难忘，留园的玲珑小巧却更引人魂牵。

　　留园，始建于明，闻名于清，原为明太仆寺少卿徐泰时的私园，园林不大，但一步一景，山形盛、水流岚、幽芳飞絮、曲溪桃红、秀婉中常氤清雅，最具江南乡情土味。留园有三绝：楠木殿、鱼化石、冠云峰。楠木殿奢丽富贵，廊角亭柱，皆以楠木为材，木香淡淡，极尽华美。鱼化石源自云南点苍

▲ 狮子林内建筑

山，方一米，纹理天然，蓝绿灰白黄各色交织成一幅净秀的山水画卷，巧夺天工。冠云峰以峰为名，却不是峰，而是一块太湖石，湖石嶙峋深秀，集"瘦、透、皱、漏"四奇于一身，虽无凌霄之姿，却别有风致，能与之媲美的，怕也只有盆景园中那千奇百怪的绿植和狮子林里那夺尽造化的假山了。

狮子林，是苏州罕见的寺庙园林，以假山见盛，园中有苍翠的修竹、竹下有湖石，层叠堆垒，妙趣天然，形若雄狮，威风凛凛。除此，暗香疏影间，林内还有许多以假山构筑的佛本生像、罗汉像、兽像等，堆山九曲，造化为工，江南假山之最，唯此称雄。

漫过假山真秀色，总把沧浪秀色翩。沧浪亭，始建于南朝，根植于宋，是姑苏历史最悠久的园林。园子不大，风光也非独一，但亭立巍峨、檐角轩丽，卧山面水，极尽借景之妙；梧桐秋雨、芭蕉红瘦、几道曲折的复廊，勾连内外，巧置湖光，却是一时明媚无两。

月落钟鸣江枫晚，试剑云岩松影香

转眼沧浪水云空，留园落花凋兰雪，走出千姿百态的园林，脚步微错，拥抱着天青色的你我便已将画桥展望。

59

▲ 锦溪

◀ 虎丘塔

虎丘塔规模宏大，结构精巧，高高耸立在山顶，是苏州古城沧桑的见证，如今它已经成了苏州的标志。

苏州多水，亦多桥，画桥三千，一桥一语，但云卷云舒里，歌咏情怀的，却唯有那伫立在古城西北、朴素端雅的枫桥。

枫桥，原名封桥，原只是轻舟烟渚畔一弯凝固的"月牙"，但是，随着唱响于盛唐的一声乌啼，枫林彩染，渔火江澜，枫桥便逶然增添了万端情怀。

江村五月，伫立桥上，极目遥望：铁岭关的绿萝攀爬着岁月，枫桥苑的黄叶飘零了诗碑，古镇错落的黛瓦里轻镌着灯火，惊鸿渡口鹭鸶仰望着秋月，明清街坊沉淀着古戏台的荣光。一叶扁舟后，寒山古刹悠悠的钟鸣跌宕了几分辽远的繁华；被钟声震散的云霞则在虎丘凝成了另一派桃源般的盛景。

虎丘山，为江左名山，"吴中第一名胜"，海拔虽仅有30余米，但山形奇秀、绝岩林立、气象万千，堪为绝妙。

整座虎丘，丛桂馨胜、茂林叠翠、三绝九宜十八景，流纹千幛，云泉风动，蔚为深秀。丘上云岩寺塔，俗称虎丘塔。虎丘塔是一座斜塔，矗立千年，历经浮沉，八角七层，飞檐斗拱，每值深秋，万千苍鹭绕塔旋飞，映以霞彩，壮美别样。距塔不远，有一池潋滟，名剑池，池水澄明，终年不枯，池畔有峭壁高耸，池外有洞门连天，寒气暗涌，锋芒毕露，神秘而幽邃。相传，吴王阖闾逝后便归葬于此，随葬的不仅有金枭玉雁，还有宝剑三千，剑池之锋芒，大抵便源于此。另外，剑池畔，还有吴王试剑的试剑石、红赤灼目的千人石，石纹千般，极为壮观。此外，虎丘上荟萃了苏派盆景风华的万景山庄、修竹清溪旖旎的环翠水阁、真娘墓、断梁殿等，也冶趣天然，值得细观。

小桥偎翠随流水，锦溪水上葬红颜

若苏州的盛美有十分，那古镇当独得四分。

苏州古镇最旖旎不过周庄：江南烟雨里，小桥流水环着明清人家；落花随风，零落南湖，双桥水巷，艄公轻轻摇着橹船；张厅妩媚了周庄的月，"聚宝盆"上还有沈万三的痕迹；吴歌响处，迷楼的夜色却渗入了锦溪深处……

锦溪，不是一条溪，而是一个小镇。比之周庄，它的声名不算很大，然而在姑苏千年的图册里，它却是最宁静、最温婉、最柔和的那一个。

掬艳阳，踏流水，邂逅锦溪，就如邂逅了一场繁花落雨不经铅华的幻梦，梦里情深深几许，一段宣卷、几首丝竹，勾动的唯有红颜缱绻、帝妃眷眷。水上陈墓是锦溪的地标，泛舟水上，动莲塘，惊起一滩鸥鹭后，转眼青阶，静坐茶楼，看看舞狮、打打连厢、赏赏民歌、品品香茗，自然极好。倦了，累了，一个人坐在那里发发呆、望望流云、听听水歌，其实，也蛮不错。夜幕降临，借流光灯影，漫步上塘老街，看一场生旦净末丑编织的繁华，抑或，曳着水草，在浮萍凝碧间，观看一场精彩横绝的鸬鹚表演，更是欢声里最惬意之事。

当然，若你无意与这份宁静相逢，若你只爱那赤橙黄绿青蓝紫中最斑斓的彩色，也没什么。三月梅花开遍的香雪海，七月并蒂莲开的亭林园，八月星空下最璀璨的山塘，十一月层林尽染的天平山皆能满足你心中那一点点唯美的偏执、不泯的向往。

松声月下，画桥烟波，古镇流水，寺塔鸣钟，一泓涟漪便是一蓬彩语。若人这一辈子必然要邂逅一个远方，要常氤几缕诗意，那这个地方，便是苏州！

▲ 如火的西湖晚霞

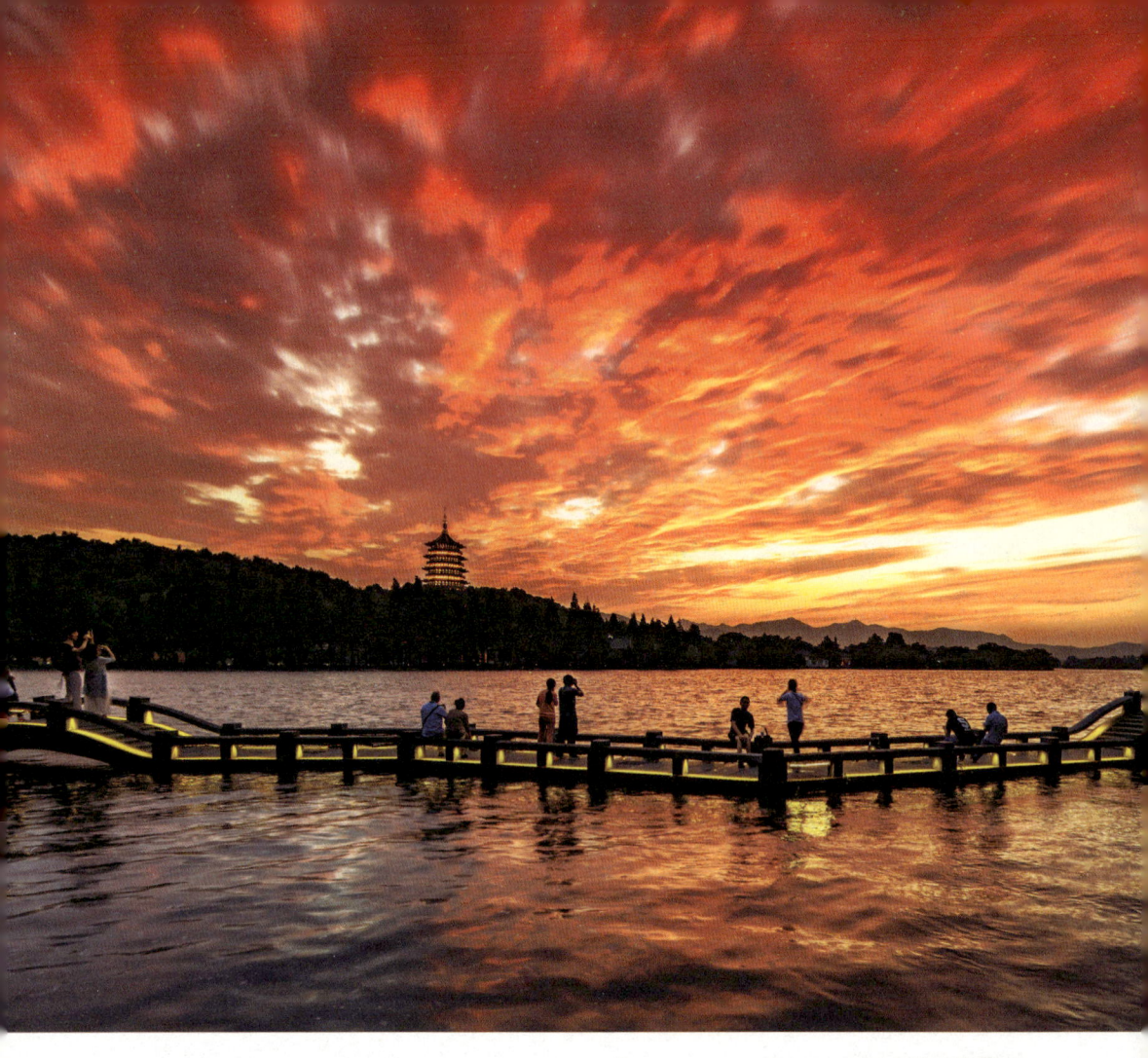

Hangzhou
杭州 随风飘送的相思梦

忆江南（其二）
唐·白居易

江南忆，最忆是杭州。山寺月中寻桂子，郡亭枕上看潮头。何日更重游！

　　琉璃的梦，裹着青空，斜风细雨蒙蒙，将满腹的相思吹送。江南好，忆淋漓，水墨丹青，一地晚红无声。梦中，对月遥遥，白居易回首流岚，最忆的却始终都是杭州的融融绝丽。那月中可寻桂子的山寺，那郡亭枕上可遥看的潮头，纵蒙了时光的尘，

依旧令人魂牵梦萦。更何况，杭州可忆的不独是山寺、潮头，还有那一水抱城的西湖，那钟灵毓秀的西溪，那鸥鹭翔集的千岛，那歌舞咏志的宋城……江南忆，忆江南，倾城锦绣杭州好。古人，诚不我欺。

苏堤断桥边，西湖长椅上，对于了解中国传统文化的人来说，在这样的宜人景色中，在这样的繁华都市里，似乎每天都上演着一个又一个纯美的爱情故事，一如白素贞与许仙，一如梁山伯与祝英台。如果有一座城市代言浪漫与爱情，这座城市便是杭州。"上有天堂，下有苏杭"这句话我们从小听到大，一千多年前，白居易的"江南忆，最忆是杭州"，更是道出了大多数国人心中的苏杭情结。若是给你一段悠长假期，你是否也愿意带上你的爱人，在杭州的春光里，享受浪漫的爱情呢？

秦统一六国后在此设县，那时的杭州被称为钱塘。由于杭州独特的地理位置和复杂的水系，使得它成了江南一带的交通要道。这里的繁华与喧嚣一直持续到今天。自古以来，杭州便有"人间天堂"的美誉，唐朝的杭州是中国首屈一指的商业化大都市，"珍异所聚，商贾并辏"。两百多年后，南宋建都于杭州，成就了杭州的鼎盛时期，当时的杭州号称"东南第一州"。直到元朝，杭州依然是江南水乡中最为繁华而梦幻的城市。

杭州最负盛名的景色恐怕要数西湖了。西湖是杭州市中心的一颗明珠，西湖是中国十大风景名胜之一，景区有许多人们耳熟能详的名胜，这其中包括灵隐寺、三潭印月、岳飞墓、虎跑泉等名胜古迹。西湖史称钱塘湖，宋朝定名为西湖。西湖三面环山，湖中心有三座岛屿，分别是三潭印月、湖心亭和阮公墩。初见西湖，那清新淡雅一如华夏风骨的气质便深深将人打动，一池静水映衬着天光云影，秀美而从容。近看那被时光精雕细琢的山水与人文，才发现这淡雅而大气的底色上，是浓重而精致的工笔白描，正应了那句"淡妆浓抹总相宜"。西湖畔的广场与城区绿地构成了湖滨景区；吴山景区以城隍阁为中心，与之相邻的南山路将西湖南线的24个人文与自然景点串联成南线景区；而站在

Chapter 3 · 烟波画船，流水洗花颜 ·

63

◀ **西湖曲院荷风**

城中制高点上俯瞰，南宋皇城如同一条翩翩欲飞的凤凰，这便是凤凰山景区。此外还有以自然野趣为主的杨公堤生态景区，以钱塘江大桥为主要看点的长虹卧波景区。而西湖北岸那别具特色的街道和古老建筑更是组成了一座没有围墙的博物馆。

西湖之所以千百年来为无数文人墨客所喜爱，恐怕是因为它那扑朔迷离的美。连绵的山脉包裹着西湖，层层青山如屏障一般，掩映着、分割着原本一眼望穿的湖光，山色与湖水相映成趣，使得人们从不同的角度观赏西湖，都能收获不同的情趣。拜江南的蒙蒙烟雨所赐，无论是阴天晴天、雨天雪天，在湖光山色中都是风景。若是秋日来到这里，便能欣赏到漫天桂花在风中飞舞，伴着叮咚泉水翩翩而至。

苏堤和白堤，这两个耳熟能详的名字是西湖最著名的景点。苏堤、白堤横亘在西湖中，将西湖分割为西里湖、小南湖、岳湖、外湖和里湖。苏堤是苏东坡所建，堤上有6座石拱桥，每当晨光微曦，湖面便会蒸腾起淡淡薄雾，这便是大名鼎鼎的钱塘十景之一——"六桥烟柳"。苏堤的美丽不仅仅因为它玲珑小巧，更是因为苏堤上种满了形态各异的植物，香樟、梧桐、银杏……生机勃勃的植物将苏堤打扮得分外美丽。

到了春天，堤上桃花盛开，春风拂面，令人心旷神怡。四季的西湖呈现出不同的美景，春夏秋冬分别有"苏堤春晓""曲院荷风""平湖秋月"和"断桥残雪"的景致。这一池恬淡而清丽的湖水，温暖了钢筋水泥的寂寞，安抚了人们躁动的灵魂。在一座熙来攘往的大都市里，能有这样一处闹中取静的所在，实在是杭州人的幸运。夏日里花港观鱼，秋凉赏桂时有"满陇桂雨"，飘雪的冬日里踏雪寻梅，春风和煦时桃花绽放，万里飘香。

如果说西湖赋予了杭州诗情画意，那么西溪便给了这座城市以安稳踏实的存在感。西溪是杭州市西部的一片湿地。西溪国家湿地公园有着悠久的历史。西溪古称河渚，周围环绕着许多名园古刹，集城市景观、人文风景与自然资源为一身，形成了极具吸引力的湿地旅游资源。

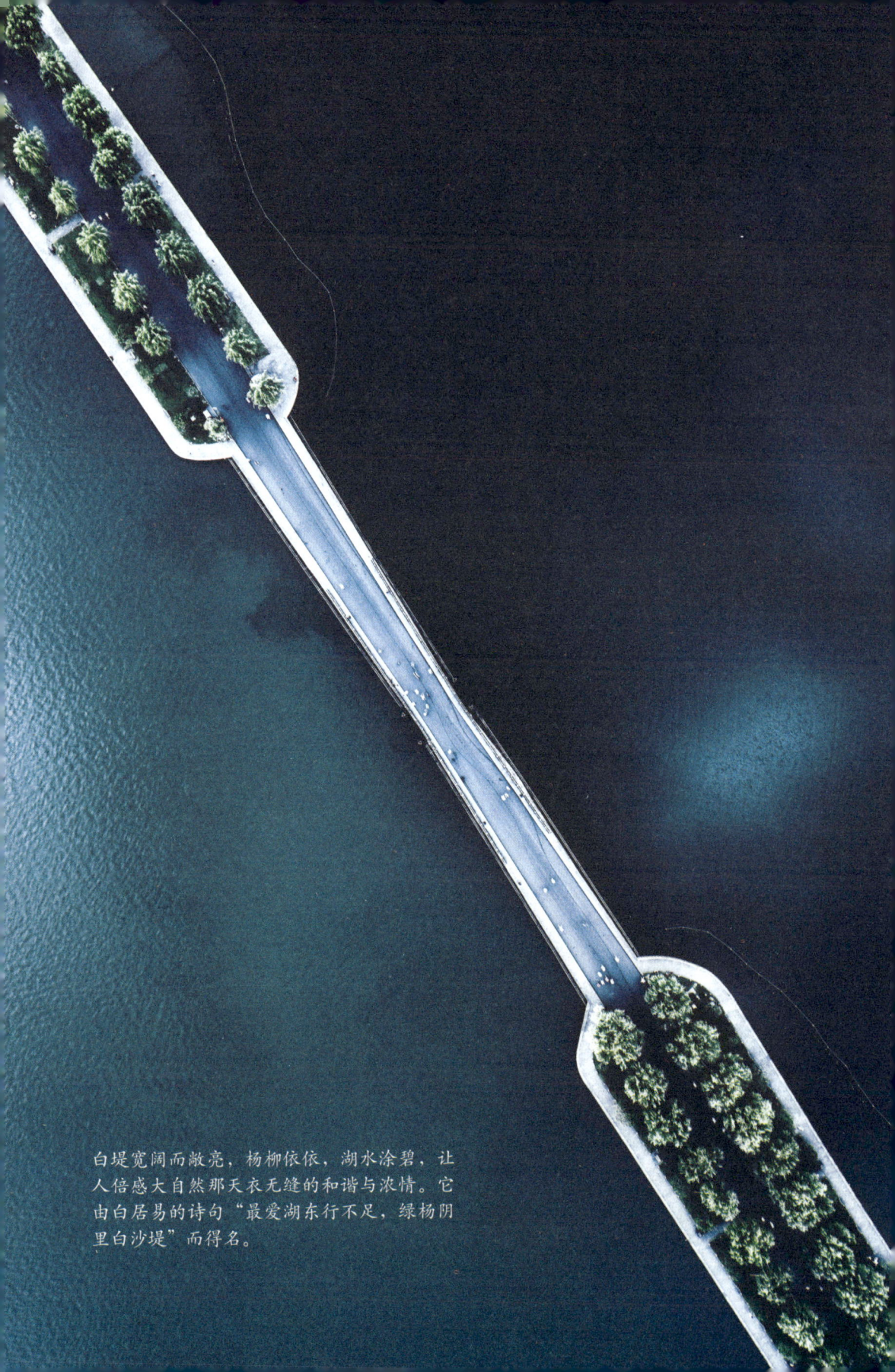

白堤宽阔而敞亮，杨柳依依，湖水涂碧，让人倍感大自然那天衣无缝的和谐与浓情。它由白居易的诗句"最爱湖东行不足，绿杨阴里白沙堤"而得名。

在湿地公园中，水系庞杂，大片大片的芦苇掩映着河流与水鸟，处处鸟语花香，四季空气清新。和爱人在这威尼斯般的水城中泛舟垂钓，读一本喜欢的书，谛听云雀在风中的鸣叫，这样的场景美得如同一场电影。在烟雨连绵的江南，晴空也会偶尔出现，在日光下采摘荷花与菱角，与飞鸟为伴，这其中的惬意与野趣让人流连忘返。

在西溪北部的飞来峰中，一座古刹矗立了千百年，它便是灵隐寺。灵隐寺如它的名字一般，似乎受到了神明的庇护，若隐若现，被奔流的山泉与葱茏的绿荫安稳地包裹。在灵隐寺的西面，人们可以看到一处壮观的景象——巨石藏匿云端，直指苍天。在寺中，还有埋葬"开山祖师"慧理骨灰的理公塔，塔尖隐没在云端，肃穆而安宁。在理公塔旁边有一块巨石仿佛来自天外，它斜倚在悬崖边，似乎随时可能掉下万丈深渊，令观者无不为之惊叹，人们便将这石头称为飞来峰。走过飞来峰，便能看到一道红墙将灵隐寺与万丈红尘隔绝开来，只有飞檐在墙头显现，再往上看，冷泉飞流直下。

回想杭州变化多端的天气，四季不同的景致，风情各异的湖光山色，你会发现它扑朔迷离的美，一如那相思一般，叫人摸不着头绪却又沉醉不已。

▼ **西溪湿地公园**
小桥流水，疏影横斜，白墙黛瓦，错落有致，西溪湿地公园在喧闹的都市一角独守静谧与美好。

扬州 精雕细琢的眉眼

Yangzhou

黄鹤楼送孟浩然之广陵
唐·李白

故人西辞黄鹤楼，烟花三月下扬州。
孤帆远影碧空尽，唯见长江天际流。

东南形胜，最胜在扬州。瘦西湖的横波凝固了星空，大明寺的山花烂漫了斜阳，个园目送秋波与和园缱绻，东关街的石板如同蜿蜒了千年前的灯火，烟花三月，太白弹剑飞渡、伫立江天，以孤帆远影歌着淮扬，碧空尽处，长江天际流远，滚滚的波涛，卷动的不独是折柳的挚情，还有下扬州的你我心中最繁华、最妩媚的一场悸动。

扬州一度是一个以香艳和繁华而闻名的南方城市。那秦淮河畔"大珠小珠落玉盘"的琵琶声，河边渡船上飘来的阵阵脂粉气，千百次成为东方艺术家们的缪斯。

但是，在扬州过往的繁荣和光彩背后，我们还能依稀看到，隋朝的壮丁们顶着烈日，挥舞着手中的铁器，艰难地开凿着京杭大运河。

然而，无论这里发生过什么，每到烟花三月，扬州便又将自己打扮得美艳动人，让整个东方的目光都集中到这里。这便是昔日的扬州，如同一个美丽而坚忍的女子，承受着苦难和命运的考验，却永远亭亭玉立，保持着遗世独立的姿态，将最美的一面展示给世人。

瘦西湖是扬州景色的代表。瘦西湖景色宜人，融南秀北雄于一体。瘦西湖的基本格局在康熙时期就基本形成，那时便有"园林之盛，甲于天下"的美誉。瘦西湖的园林胜景随处可见，正所谓"两岸花柳全依水，一路楼台直到山"。碧绿的湖水两岸窈窕曲折，亭台楼阁如山水画卷一般次第展开。

"垂杨不断接残芜，雁齿虹桥俨画图。也是销金一锅子，故应唤作瘦西湖。"清朝诗人汪沆如是说，瘦西湖也由此得名，蜚声四海。从御码头开始，

▲ 瘦西湖草丰树茂，人们泛舟湖上，小船缓缓通过桥洞，画面极美。

沿湖可以看到冶春园、红园、钓鱼台、莲性寺、白塔、五亭桥、观音山等名扬中外的景观。一天里不同的时辰，一年里不同的季节，都能让瘦西湖幻化出不同的景色，天然之趣让人回味无穷。这幅画卷里既有自然的厚爱，又有能工巧匠的细心雕琢，最终形成了扬州独特的园林风格。与家人一起泛舟于水上园林，两岸美景纷至沓来，定会令人应接不暇，心醉神迷。

来到扬州，最不容错过的便是淮扬菜。如今人们传承了中华文化中"食不厌精"的老传统，讲究起了色、香、味、意、形、养。淮扬菜集江南水乡菜肴之精华，将河鲜用独特的方法烹制，既不像沿海地区的海鲜那般生猛，又没有川菜、湘菜的辛辣，而是在精心烹制的同时保留了食物的原味。

早在南宋时，淮扬菜就以其清爽悦目、风味清鲜而闻名。淮扬菜的刀工精细，大厨们在蛋禽蔬菜上下功夫，以极大的耐心和精到的技法精雕细琢，雕刻出的动物和花朵栩栩如生。坐在富春茶社里，吃着精心烹煮的菜肴和点心，观赏窗外瘦西湖的美景和错落有致的盐商府邸，想象昔日扬州城内的熙来攘往，别有一番韵味。

绍兴 乌篷摇落的远方

游山西村（节选）
南宋·陆游

莫笑农家腊酒浑，丰年留客足鸡豚。
山重水复疑无路，柳暗花明又一村。

梦里几番花语，乌篷摇落，青川白水畔，总有农家憨然的笑语划过。稻米香浓，鸡豚留客，觥筹交错，微酣之时，总有游人相就月色。千年前，陆放翁恣肆年华，将东湖的繁星吹动，恍惚间，迷醉在山水之间，惊喜于柳暗花明，满心满眼，尽是绍兴的斑斓万端、风景处处。

位处长江三角洲南的绍兴，水乡翰墨，山明人秀，古运河潺潺的水波流转了她的柔情，会稽山挺拔的风姿撑起了她的脊梁，乌篷摇橹里，吱呀吱呀地轻鸣，垂落的不独是文人的情怀，还有，江南的憧憬与翰墨。

这里山清水秀，这里人杰地灵，南宋大诗人陆游便生于斯，山水灵性陶冶了诗人的情怀，他为后人留下了诸多脍炙人口的篇章。

记忆中的绍兴，始终都是古雅且沉厚的。9000年前，小黄山的血液便流淌了她的明秀；4000年前，古越国的峥嵘点染了她满是儒雅的容颜；秦汉时，会稽郡成为江浙政治与文化中枢；隋唐时，重置越州；及至南宋，高宗以"绍奕世之宏休，兴百年之丕绪"意，改越州为绍兴，绍兴之名，遂沿用至今。

江南水声长，吴越山光重，绍兴风光之丽，举世公认。东湖波光映天、翠依洞桥；柯岩奇石嶙峋、神工鬼斧；五泄悬泉飞瀑、桃源篱渡；吼山红芳灼灼、摩崖恢宏；兰亭曲水流觞、鹅嘤浅语；沈园双桂问诗、浪漫别致……

丽景佳颜，纵列之间，固然形胜。然而，在绍兴，最卓然的却从来都不是风景，而是那一个个耳熟能详的人，一段段脍炙人口的故事：西施浣纱菡萏香，羲之题字兰亭里，唐婉柔情《钗头凤》，秋瑾龙泉夜铿锵。绍兴的每一条

跟着诗词去旅行

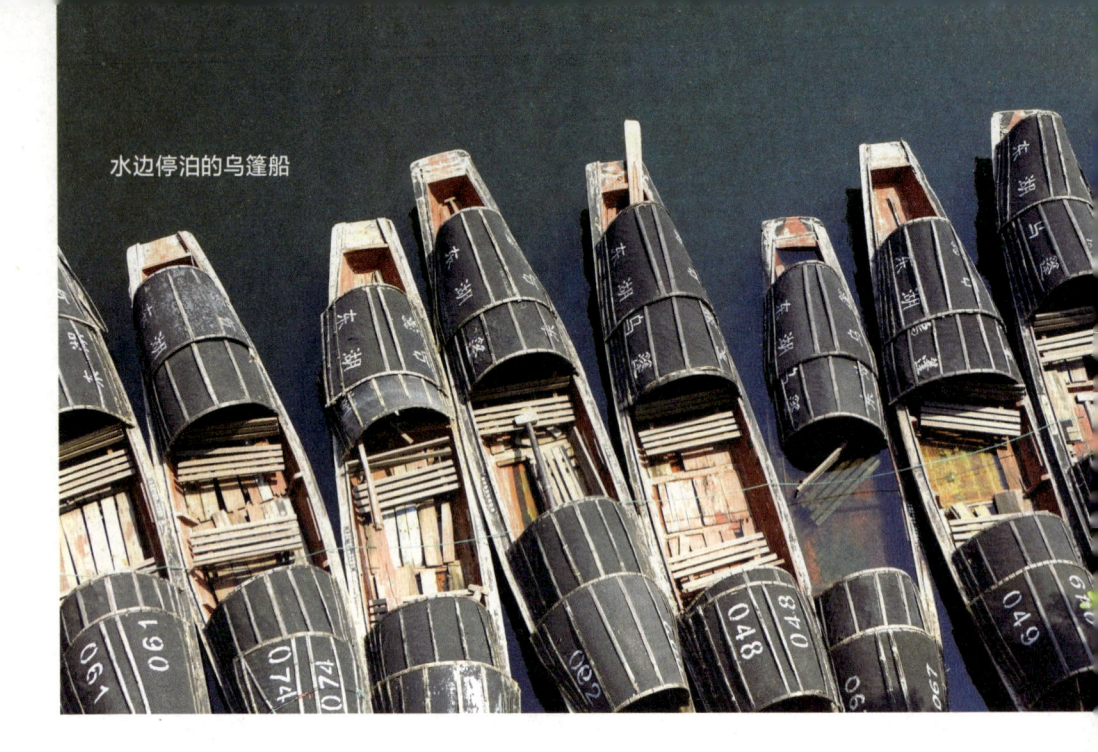

水边停泊的乌篷船

巷陌,都蕴藏着一段风雅;每一处飞檐,都暗含着一番情怀。

百草园中语,鲁镇翰墨情:鲁迅故里·柯岩风景区

  鲁迅故里,是一条极富江南历史韵味的长街,街畔,有不少在岁月里添了年轮的古老建筑,粉墙黛瓦、翘角重檐,自然而然就洋溢着几分幽冶的风情。漫步长街,走马观花也好,细细揣度也罢,都别有妙趣。百草园里,依稀还有鲁迅当年跳脱顽皮的身影;三味书屋里刻着"早"字的书桌仍摩挲着欢声笑语;咸亨酒店,茴香豆的味道袅袅不散,孔乙己铜像前合影的人络绎不绝;恒济当粉白的照壁、金漆的招牌历历在目;周家世代居住的大宅院里,花草扶疏,似还能照见鲁迅先生出生时一家的忙乱;台亭外,土谷祠的萧墙仍映着月光。

  一步步,一丈丈,循着春秋笔墨,不断追寻着先生旧日足迹的你我,不知不觉,便已离了故居,到了"鲁镇"。

  鲁镇不是一个真正有行政建制的镇子,而是鲁迅先生笔下的鲁镇在现实中的具现。走进鲁镇,就若走进了若干年前的绍兴:青石板铺成的街道、蒙蒙的烟雨、尘土飞扬的戏台、纵横的港汊、枕街临河的各色商铺、鳞次栉比的宅院民居、迷蒙了冬雪的石桥、千姿百态的石坊、酒香弥散的竹庐、带着绍兴乡土气息的茶馆,林林总总,令人眼花缭乱。累了,倦了,随手招一辆"洋车",

70

坐上去，一边听着车夫用独一无二的"绍普"侃大山，一边慢悠悠地观街景，也蛮不错。若时间正洽，说不定还能和"造反"的阿Q，找阿毛的祥林嫂，卖豆腐的杨二嫂，逗小孩的孔乙己来一次偶遇。

鲁镇侧畔便是柯岩，柯岩里零落着各种石洞、石潭、石块、石峰，千奇百怪，嶙峋中晕着玲珑，始凿于隋的"天工大佛"宝相庄严、气势凛然；上宽下窄的"奇云石骨"如倒置的宝塔般栉风沐雨歌流年；七星岩、蚕花洞、八卦台、普昭寺等更以或妩媚，或绮丽，或清婉，或雄绝的风姿惊艳了鉴湖千年。

鉴湖距离柯岩不远，湖中有一座洋溢着浓郁汉风、竹韵飘香的笛亭。亭外，有五座形态古雅的古桥如长虹般接连形肖葫芦的醉岛。醉岛畅饮壶觞后，登临乌篷，染澄澈烟波，撵几分人在镜中游的逸趣，却也不错。

乌篷摇落处，五泄繁星点：东湖 · 五泄风景区

湖光山色里，采菊映斑斓，若论泛舟，其实，最好的所在，还是东湖。

东湖在绍兴东郊，水域玲珑，不见水天浩渺，却也精致玲珑。湖上，山水纵列、石树错落，点点的绿、清清的蓝、浅浅的灰白交相辉映，就似一幅色彩素淡的中国画，煞是好看。坐在乌篷船上，伴着"嘎吱嘎吱"的摇橹声，慢条斯理地前行；两岸如削的崖壁凿痕遍布，潺潺的流水在缝隙中冲出一片片夺目的斑斓。陶公洞狭本天开，仅容一船通行，撑船入洞，委实是件高难度任务，"驾龄"三年以下的船老大几乎都过不去。然而，入洞后，却别有一方洞天，山水旖旎，恍若桃花源。坐洞观天映桃源，不过转眼，离了陶公洞，到仙桃洞猎猎奇自是题中之义。遥望仙桃，平平无奇，不过石门一扇罢了，待临波而至，才发现，石门竟以倒影拼接出了一个大大的"仙桃"，偷偷地"咬"上一口，水波微漾后，竟浑然无迹，只不过，"偷吃"的你我却因飘飘然而乘风远去，待风散，环目四顾，满眼便皆是五泄的水光翩然。

五泄在绍兴诸暨西北，有五瀑三谷二溪一湖，湖光潋滟、飞瀑五折，素有"小雁荡"之誉。"小雁荡"内，72峰高低错落，36坪碧色如茵，25崖崎岖险峻，叠石奇岩层叠若彩屏横空，东源飞瀑激流湍云、惊艳绝伦，夹岩古寺静水流深，桃源阡陌纵横、清新怡人，西源峡谷壁立千仞、壑丽林幽，五泄湖更烟波浩渺、蜓立新荷。然而，深情自古多辜负，东湖眷眷的是鉴湖，大诗人陆游心心念念的也只有沈园中那十年空筹别泪眼的唐婉。

绍兴东湖

红酥春如旧，池立人空瘦：沈园

唐婉，是陆游曾经的妻子，两人琴瑟和谐，本十分相得，无奈，迫于母命，一双眷侣，终是纷飞，于是，有了《钗头凤》，有了一生的怀恋，亦有了那见证这段深情之始与终的沈园。

沈园，位处绍兴春波弄，历八百年辗转，仍翠色如新。

园子始建于宋，原属沈氏，园内丛桂飘香，桥石淑秀，亭阁廊榭玲珑，柔而不媚，婉而不艳，极尽天工山水之妙。春波惊鸿处，有艳阳洒金；断云裂隙下，有藤萝交缠；问梅槛深中，有雪映红梅；葫芦清池内，有菡萏含香；孤鹤雅轩前，有钗头鸣凤；诗境檐廊下，有风铃轻悬；琼瑶池、鹊桥、相印亭，环环相缀，秀色相偎，花前月下，独见缱绻。

牵着爱人的手，一路赏景，若不愿离去，数着星星去双桂堂看场堂会，自是一种浪漫。若有意转身，去传说中曲水流觞、兰芷盛放、白鹅浮碧水的兰亭放放歌，到被誉为"越国敦煌"的大佛寺开开眼，去白鸟丛聚的会稽山看看水中树景，到吼山相遇一场意料之外的桃花雨，去十九峰"邂逅"王重阳，到安昌过过旧时光里的慢生活，或者去浣沙溪旁和西施来场跨越时空的"约会"，也都很甜蜜。

绍兴很大也很小，很远亦很近，咫尺之间，香林雪舞东湖水，五泄梅香静云情，长歌婉转，恍若天阙。天阙明媚几许？孤鹤情深几何？或许，唯有身在乌篷摇落的远方的你才能清楚，才会铭记。

遇见·诗词里的远方

·绍兴"三乌"·

乌篷船：绍兴是水乡，大小河流纵列，湖泊溪流星罗，有桥四千余，于是，乌篷船应水而生，成了绍兴最美的地标。坐乌篷船游绍兴，亦成了一种时尚，无乌篷，不绍兴，乌篷中满满的都是绍兴风情。

乌毡帽：既是草帽，也是斗笠，冬暖夏凉，遮风避雨，自来都是绍兴船老大们的最爱。

乌干菜：即霉干菜，是绍兴一种以雪里蕻为主料的特色腌菜，常用来做蒸肉。来绍兴的朋友一定要去尝尝，非常美味。

▲ 乌镇

Wuzhen

乌镇 枕水人家

横山堂小咏
明·文徵明

雨涤山花湿未干,野云流影入栏杆。
泉声漱醒山人梦,一卷残书竹里看。

初见乌镇,总以为文徵明式"雨涤山花湿未干,野云流影入栏杆"的清婉便是她的全部。然而,当翠光千顷横峨秀,山人从泉声簌簌的梦中惊醒,竹里阅残书,眸光微漾,却才发现,原来一川烟草晴明里,树渺云白,玉盒秋深,东西南北栅,氤氲的才是乌镇最纯粹的味道。

乌镇,位处浙江省桐乡市北,迤逦江南,斜分杭嘉,曾错攘三府,横贯七县，风光静美，古雅精致，为江南六大古镇之一，被誉为"中国最后的枕水人家"。7000年前，新石器时代，乌镇的旧土上便已有先民茹风饮露、繁衍栖息；1000多年前，砖瓦木石的繁华正式撑起了古镇的滥觞；及至"乌墩""乌戍"这样的别称终成过往，水木清影里，涅槃的乌镇早将无尽的芳菲与绝丽绽放。

或许，是汤汤的市河水裹挟了太多毓秀，千百年来，小小的镇子竟养育了无数大家：梁昭明太子、裴休、范成大、沈东溪、夏同善、沈平、严独鹤、张琴秋、丰子恺、茅盾等，数不胜数。于是，撑一把油纸伞，袅着迷蒙的江南春雨，在叮叮咚咚的水声中，漫步青石，静静追寻那散落在四栅花间的过往、遗迹，也便成了邂逅乌镇的我们孜孜以求却永远都无法圆满的执念。

临烟枕水，水墨话民俗：东栅

十字交错的内河将乌镇错落地划分为大小不一的四块：东栅、西栅、南栅、北栅。

四栅四时四种风情，其中，最温婉、最清丽的，当属东栅。

东栅小小的，玲珑中带着几许娇柔，虽不太繁华，但却带着浓浓的乡土生活气息。

黄昏邀了细雨的时节，乘一叶扁舟，摇橹水上，看万条金线垂钓流云、一树繁花曳动檐角，听花鼓声声震了人生百态、吹拉弹唱唱不尽多少茶香，自是一种绝妙的享受。倦了，乏了，倚着一天迷离的灯火，站在桥上，发发呆、哼哼歌，努力成为一道独一无二的风景却也不错。

待星落长夜、东方微明，重拾行囊，走进江南民俗馆，一尊尊蜡像织成的长卷，便以一种极奇特的形式蓦然将清末最真实的江南风情鲜活地铺在了你面前，中秋赏月、重阳登高、端午水龙会、元宵走桥、清明香市，种种图景、幅幅画面，委实令人眼花缭乱。

溯着历史的红线，走出民俗馆，双眸中仍有彩色斑斓，青檐翘角、小巧玲珑、典藏了上下五千年、纵横七大洲、二百余国、各个朝代的两万六千余种钱币的钱币馆已在不经意间撞进了眼帘。这些钱币，上启夏商，中承隋唐，下至近现代；囊括欧、非、亚、美；有纸钞，有花钱，也有金、银、铜、铁、骨、锡、竹、铅、陶、琉璃等多种材质制备的货币，形态各异，溢彩流光。摩挲着它们，就仿佛走进了一部浩瀚的钱币史，史海畅游之余，对典藏了它们的余榴梁自也不由平添几许敬佩。

然而，在东栅最有名的人却不姓余，而姓沈，沈德鸿，也就是茅盾。市河东侧的观前街畔，有一处两进平阔、坐北朝南的宅邸，这就是茅盾故居。

宅子不算太大，仿木结构，檐角蜿蜒，透露出江南的玲珑，前院为书房、卧室，后楼是厨房、餐厅，中间有一个小小的庭园，园中树木繁茂，相传，近书房的那一棵棕榈树还是茅盾先生亲手种下的。宅子中的一切，都从未改动过，还保持着先生当年住时的模样，虽简单，却也淡雅。

离开了茅盾故居，沿河，一路向前，汇源当铺的高墙、粉壁、木栅栏、高柜台、太平缸，宏源泰染坊晒场上随风悠扬、蓝白二色交错的印花布海，洞桥映月、旖旎着一片相思的逢源双桥，酒香袅袅、能一饮酣畅的三白酒作坊等尽皆过眼，秋风里，凝固了你我眼眸的却唯有那翰林第中用双手舞动了百态的皮影戏、修真观古戏台上洋溢着浓浓乡土气息的花鼓戏、财神湾充斥着江湖气的"拳船斗勇"，以及惊险刺激至极的"高竿惊魂"表演。尤其是最后一种，在颠簸不定的乌篷船上，"高竿"艺人们梯云纵步，顺着竹竿不断向高处奔跑、攀爬，细细的竿子弯曲成90度，晃晃悠悠，艺人却伫立其上，做着各种各样惊险且高难度的动作，此中酣畅、热血、惊魂，非亲见，无以体会。

盛开在明清古风里的繁华：西栅

不同于东栅的柔美温婉、小巧玲珑，西栅很大气、也很繁华。

美不胜收的西栅夜景

　　十二个在烟雨中朦胧了碧玉的岛屿星罗纵列，将西栅的秀色轻轻剪裁。长长的老街上，临河的水阁以一种流美的风姿将岸边的垂杨绿柳、河上的画舫清波悠悠点染，氤氲着明清古风的一栋栋老宅无形之间便为西栅增添了几许文艺的情怀……

　　游玩西栅，坐观光车自然没什么问题，但其实，徒步才是一种浪漫。

　　一个人，漫无目的地穿梭在略有些狭窄逼仄的青石巷弄，或许，一片黄叶就能带飞无限的思绪；或许，一个不经意，便与希冀中的美好相逢。昭明书院是昭明太子旧日的读书之地，偷得浮生半日闲，安安静静地在院里读读书、看看画、留张写满了心事的小纸条，其实也蛮好。三寸金莲馆，展出的不是莲，而是数百双或金丝银线、或素面提花、或色彩浓艳、或暗淡粗糙的缠足鞋，这些鞋子，长均只有三寸，鞋头尖尖，美丽异常。

当然，西栅最美的，还是那溢彩流光的夜景。

西栅的夜，迷离中流淌着几许彩色的梦幻。水光、星光激荡着灯火，屋影、人影、树影、花影、人影交织着烂漫；露天电影院里，黑白的剪影无言；桥中桥，水墨淡染里，映的却是原汁原味的水乡雍容；倚船栏，着一袭碎花的旗袍，以满目繁星为陪衬，拍一张彩照，镌刻在底片上的，便是一夜最明媚的风情。若正值上元灯节，执子素手，一起到水边放两盏"并蒂莲"，看着莲灯随波流远，一颗心、两颗心似乎也跟着越飘越远。

远到何处？或许是河畔尽头灯红酒绿的酒吧街，是灯火辉煌的会馆，是飘着酱香的门户，又或许，是南栅与北栅。

岁月在斑驳中绽放：南栅·北栅

印象中的南栅，总是凌乱的、静谧的，不见喧嚣，却氤氲着几分原汁原味的市井情趣。

似乎是在岁月里涮洗了一遭，南栅最鲜明的特色其实是古老。没有无瑕的白，没有纯粹的黑，没有玲珑的檐角，没有映着阳光的翠瓦；可是，那斑驳的黑、古旧的白、剥落了彩漆的雕花木窗、墙头巷尾的红色标语、荒草丛生的青石路、随风摇曳的向阳花，书写的却是另一番动人心弦的味道。

门扉半掩的剃头房里，古旧的气息扑面，推子推动的不只是乌发，还有时光。布置简陋的小茶馆中，穿着清一色黑蓝服装的老头们把着茶壶，一边闲聊，一边晒太阳。街上，摊贩不多，卖的也都是毫无新意的特产，但透过那一声声不算响亮的吆喝，我们却读懂了那生活的味道。

北栅和南栅有些类似，但蜿蜒的马头墙上烙印的却是另一种脱去喧嚣的宁静味道。短短的街，弯弯的巷，幽静的木廊，错落的民居，破旧的乌篷，淡淡的炊烟，斑驳的石桥，寥寥的行人，冷橙色的天光，所有的所有，都掺杂着几分萧条的味道，哪怕是盛夏最葱茏的时节，这里，也看不到繁花，听不到喧嚣。然而，这种萧条，却不同于萧索，徜徉其间，细细品之，竟能品出几分别样的味道。

留住岁月，留住古老，留住曾经的花落云卷，大概，是一件极困难，或

▲ 乌镇马头墙

乌镇风格独特的马头墙屋顶，形似五岳朝天，左右对称，高峻险美，既可防火，又可挡风。

者说，根本就不可能的事情吧！但这种不可能，在乌镇的烟波中却幻化成了无数的可能，东西南北四栅，四种截然不同的风情，不停地流转，不停地绽放，以至，那些邂逅过乌镇的人，即便已行色匆匆地归去，心中，却总有一种"来过，从未离开"的感觉徘徊不去……

遇见·诗词里的远方

·乌镇旅游注意事项·

1. 姑嫂饼、三珍酱鸭、定胜糕是乌镇美食三绝，不品尝一下，终究遗憾。
2. 乌镇夏日多梅雨、大雨，气候不佳，游览的最佳季节在春秋。
3. 南栅、北栅是免费景点，不收费。
4. 想去"香市"凑个热闹，最好清明前后起行。

Nanxun
南浔 桃花流水，岁月静好

渔歌子·西塞山前白鹭飞
唐·张志和

西塞山前白鹭飞，桃花流水鳜鱼肥。
青箬笠，绿蓑衣，斜风细雨不须归。

浦上柳、江畔风、荷衣映月叹平明。或许，是西塞山前飞翔的白鹭惊了那提笔春秋的人，《渔歌子》的画韵词情竟悄无声息地照进了现实："桃花流水鳜鱼肥"，渔火点点，倒映着一河的阑珊；杨柳春风知莺语，飞絮扬扬，挑动了一城的静好；"斜风细雨"中，"青箬笠，绿蓑衣"，波光潋滟处，扁舟钓者谁？或许，是缓缓踱步的张志和，或许是小莲庄的刘崇如，或许是你，或许是我……毕竟，南浔，南浔，天下难寻啊！

枕水江南，稻浪白帆，江南六大古镇中，最宁静、最温婉，长歌着岁月静好的，唯南浔。南浔，古名南林、浔溪，位处太湖南岸，苏浙沪三地交界处，是座历史悠久、风光旖旎的湖滨小镇，典型的江南水乡。

古镇不大，以水为街，街巷连桥，绿柳拂云，叶落霓虹，有清流横贯西东，有人家轻悬黛瓦，有林园翘角飞檐，有灯火阑珊南北，有船蒿漫溯浮萍，有寒月薄笼晨纱，有粉墙柔搁星光，渐次清歌里，独见清华。

新石器时代，南浔便有了先民繁衍生息的痕迹，连秦缀汉，迭唐至宋，南浔"耕桑之富"已"甲于浙右"；又因地处"水陆冲要"，商贾云集，贸易天下，及至明清，南浔丝商，雄极江浙，"四象、八牛、七十二金狗"更成为豪富之代言。然而，纵便从不缺繁华的条件，南浔却始终静静地偏安于江南，时光之沙瀑冲刷了数千年，亦未能将她的容颜黯淡。她的柔，她的雅，她的雍容，她的慵懒，似早就被镌刻在了骨血间。

Chapter 3 · 烟波画船，流水洗花颜 ·

南浔古镇

安闲，流离在水边：百间楼·嘉业堂

  百间飞花里，烟雨照琼帘，以水为肌、为骨、为魂的南浔，始终都流淌着安闲。

  溯潺潺，援白浪，迤岸徐行，望衡对宇的街巷，宁静中轻氤着几许晨曦的暖红，万条垂柳依旧挑逗着蝉鸣，东吊桥与栅庄桥间，蜿蜒四百余米的琵琶墙、木轩窗辗转的却是与想象中别无二致的江南。

  迤河数百米，黛瓦连百间，"斜阳村色晚"时，百间楼的倒影里早不见了"卖花船"，但这幅由明代礼部尚书董份"挥毫泼墨"、一笔绘就的绝美"水墨画"，却在家长里短中洋溢着安闲。没多少扰攘，看不到灯红，三三两两的人们或静静散步，或倚楼观风，或遛狗喝茶，或看戏打马吊，或洗洗涮涮，或静坐河畔，岁月穿花，每一个人脚下都有流年，每一片叶落，都是生活的诗。

  循着诗韵，扁舟一叶向远方，南浔的柔波里垂落了艳阳涟涟，碎金色的光晕笼了船声，亦笼了洪济、广惠、通津三桥的迷梦。菱花遥唱，烟外有红荷的日子，擎一钓竿，寻一水面，静静垂钓，纵没有桃花随流水，踊跃夕阳中的鳜

▲ 百间楼

鱼、吱咯有声的木桨，也足歌清婉。若秋烟暮雨，潇潇廉纤，头戴青箬笠，身披绿蓑衣，伴烟笼碧水、杂树生花，泠泠切切，便也真的是不须归了。

蓑衣短，斜月灯黄上中天，夜幕轻垂时，倚楼看婵娟，暖暖的几点灯火，微微的一缕琴声，观鸬鹚翅尾，娴雅中更觉舒适。循着灯火，走走停停，再抬眼，嘉业堂"钦若嘉业"的匾额已在月色中腾挪。

嘉业堂，是一幢七间两进双层回廊式藏书楼，始建于1920年，原为刘镛之孙刘承干所有，是近代著名的私家藏书楼之一，后隶浙江图书馆。楼内，有书库五十余间，藏书丰富，经史子集无数，其中"景宋四史"《三国志》《史记》《汉书》《后汉书》堪称无价之宝。

东风夜放花流离，更吹落，荷香如雨，捧一卷古书，静坐窗边，现世安稳，岁月静好，帘栊里，绿树下，跃动的尽是安闲。彼时，若道别离，那满眼眷眷的，定不是烟波，而是楼里的婵娟、画里的小莲。

岁月，交错在园里：小莲庄

小莲庄，就在嘉业堂对面，一溪相隔，便似隔了岁月。

小莲庄，为南浔五大名园之一，也是"浓墨宰相"刘墉的私邸。

初夏，漫过溪边萋萋的幽草，在数只鹈鹕的目送下，缓缓步入小莲庄，十亩芳塘映日，一池芙蕖半开，那濯清涟而不妖的红，似还在不断轻诉着庄园主人对莲的无限钟爱。

循荷香，绕过青砖雕砌的东南门，曲径通幽处，可见五曲长桥逶迤，或玲珑，或庄严，或八角，或四方，或巧致的数方小亭伫立。亭上松风，暗凭栏，可见波光如玉，浮萍碧藻，深浅不一、浩瀚奔涌的绿与浓淡相宜、无穷无尽的红静静地铺开，天光花影，应接不暇。

别了芳塘，转曲径，迤羊肠，不消一刻，便能跳脱出红花绿萍掩亭台的旖旎，陷入假山巧堆叠、湖石多奇秀的妙境。石本无锋更无情，但托于匠心，却演绎出了种种不可思议的玲珑，譬如天之四相，譬如十二生肖等。

傍"山"远走，秀色迤逦：弯弯的山道上，松枫相映，鹧鸪溪百转；"退修小榭"极尽江南婉约之风，竹叶婆娑掩映；七十二鸳鸯楼残垣南，有百年紫藤若卧龙盘曲，援桥凌霄，唯美异常；家庙，面阔三间，进深四五，有"净香诗窟"惊艳、碑刻长廊通连、馨德堂木雕博古、走马楼花砖别致，大家的庄严里亦萦雅淡净逸之趣。

东升阁距家庙并不远，原是刘家小姐的闺阁，楼映花木，圆柱雕花，白色的壁炉，明敞的百叶窗，浓浓的风情，纵斑驳了岁月，亦悠然令人神往。只是，不知道，昔年倚楼观星火的刘家淑媛恋的究竟是饮酒壶觞的落拓才子，还是张石铭故居中那风度翩翩的世家少年？

▶ **南浔古镇小莲庄荷花**
满池的荷叶随风婆娑摇曳，为夏日增添了一股清凉。湖中央，有的荷花竞相开放、亭亭玉立；有的露出尖尖角，含羞待放。

刘氏梯号

刘氏梯号是中西式建筑群,俗称"红房子",房子线条简洁,布局通畅。

◀ 南浔张石铭旧居

富贵,停泊在岸上:张石铭故居·刘氏梯号

张石铭故居,是一座具有明清古风的豪门宅邸,属南浔张氏,尝有"江南第一民宅"之誉。

宅有五进,临浔溪,素白的门扉,巧致的门户,貌似朴实无华,内里却盛满了典雅与细腻。雕花的青砖、镂空的窗棂、巧致的石刻、潺潺的溪流、扶疏的花树、古雅的装饰、淡染着水墨的青花瓷与色彩斑斓的瓷画、西洋味十足的玻璃窗、法式的华贵穹顶、宽阔的草坪、精致的喷泉,它们相互交织,相互点

染，中西相合，竟别有冶趣。

只是，相比于张家人的"保守"，同为南浔"四象"之一的刘氏子弟则要"时髦"得多。

刘氏梯号，听名字，像是个商铺票号，其实不然，这也是座私宅，宅子的主人是刘墉的第三子刘安泩。宅子很大，很气派，分南、北、中三部分，乍一看，似乎很质朴，典型的徽派火山墙、石库门、青砖、白壁、黛瓦、绿树，但当那一抹抹深红、橘红、浅红以咄咄逼人的姿态映入眼帘、洛可可繁复得一塌糊涂的券顶撞进眸中，厚重的中式厅堂所营造的种种大气流露出华丽丽的张扬。如此，那哪怕在今天也颇显高端的网球场和充满无数欧洲田园风情的奶牛场的出现，似乎也便理所当然了起来。

一座城，一首歌，一泓水，一辈子。转身红房子，若仍不愿从江南的安闲富贵中醒来，去逛逛文园、颖园、适园、天工桑园，看看丝业会馆、生计米行、御酒坊，品品南浔最乡土、最纯粹的味道，却也蛮好。

桃花流水自西东，莲曳河灯歌从容。踏春波，踩秋叶，在最美的时光里与南浔来一场倾情的邂逅，笑语花前，满身安闲。所谓静好，不外如是。

遇见·诗词里的远方

・辑里湖丝・

辑里湖丝，又名辑里丝，原产于南浔辑里村，明清时便已闻名遐迩，为丝中极品，以白、圆、细、匀、韧享誉四海，千金难得。清康熙帝曾指名以辑里湖丝为经线来编织龙袍。由此，可见其盛。数百年来，南浔一地，因丝致富者颇多，"四象、八牛、七十二金狗"为其中佼佼。辑里村中有一座国丝文化园，南浔镇上有辑里湖丝馆，在那里，可尽情探访辑里湖丝的前世今生。

Chapter 3・烟波画船，流水洗花颜・

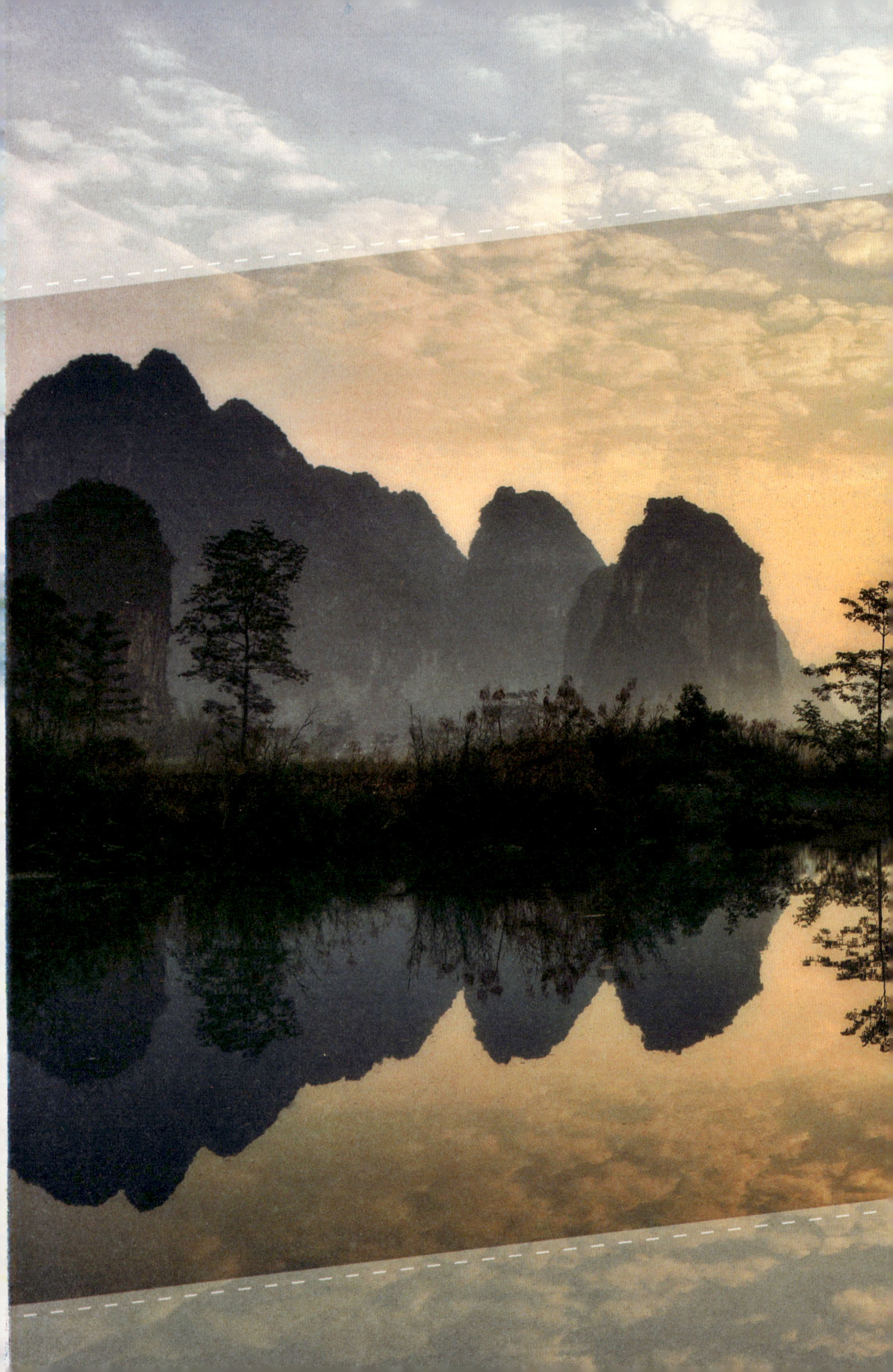

Chapter 4

人间芳菲，水如罗带山如屏

Guilin
桂林 如歌的行板

送桂州严大夫同用南字
唐·韩愈

苍苍森八桂，兹地在湘南。
江作青罗带，山如碧玉篸。
户多输翠羽，家自种黄甘。
远胜登仙去，飞鸾不假骖。

　　无论是漓江迤逦、行板如歌，还是象山水月、遇龙倒影，所有的倾城景致都要有一个见证。桂林山水甲天下，苍苍八桂，水墨画卷，四海独盛，而见证这一切的，不是芦笛的清风，不是黄布的倒影，不是西街的古雅，不是银子岩的幽清，而是一个人、一首诗，一个在大唐的烟云中从容漫步的人，一首为送友人而盛赋了山水的诗："苍苍森八桂，兹地在湘南。江作青罗带，山如碧玉篸。户多输翠羽，家自种黄甘。远胜登仙去，飞鸾不假骖。"不羡飞鸾不羡仙，唯慕青罗碧玉簪，桂林之山水倾城，不外如是。

　　桂林，一个被时光之手用亿万年精耕细作而成的岩溶仙境，一幅自古便享有"山水甲天下"盛名的水墨画，一座因刘三姐而闻名于世的传奇小城，一片被壮族歌舞和美酒渲染得淋漓尽致的山水。

　　这座地处中国广西壮族自治区东北部、湘桂走廊南端的城市，因其典型的喀斯特地貌而闻名。

　　千峰环立，一水抱城，象鼻山、七星岩、漓江……这些被中国乃至世界游客口口相传的风景如同一个个音符，隐匿在亦真亦幻的山水丛林里。而桂林，这如歌的行板，正在缓缓浅唱着令世人无限向往的岁月。

　　电影《刘三姐》中时而高亢嘹亮，时而轻回低转的山歌唱出了壮族男女被这山水孕育出的纯真质朴。"花针引线线穿针，男儿不知女儿心，鸟儿倒知鱼

▲ **桂林风光**

桂林的山光水色与田园、城郭巧妙融合，城在景中，景在城中，构成了如诗如画的美妙景色。

在水，鱼儿不知鸟在林。"刘三姐摆弄着寄予爱慕和思念的绣球吟唱着，这样的爱情里全无埋怨与猜忌，只有满满的甜蜜。"入山莫怕虎狼多，下海莫怕蛟龙恶，剥下龙鳞当瓦盖，砍下虎头当柱脚。"尽管是女儿身，刘三姐却用自己的果敢机智战胜了财主莫怀仁。

但电影中最让人回味的还是那段无数国人都耳熟能详的《藤缠树》，三姐的美丽与温柔、阿牛的坚定和腼腆被表现得淋漓尽致。电影拍摄于二十世纪中叶，但那些在如今看来尽管有些粗糙的妆容和过时的表演方式，仍然能将我们拉回那个一去不复返的纯真年代，更能唤起人们对桂林这个充满传奇的城市的向往。

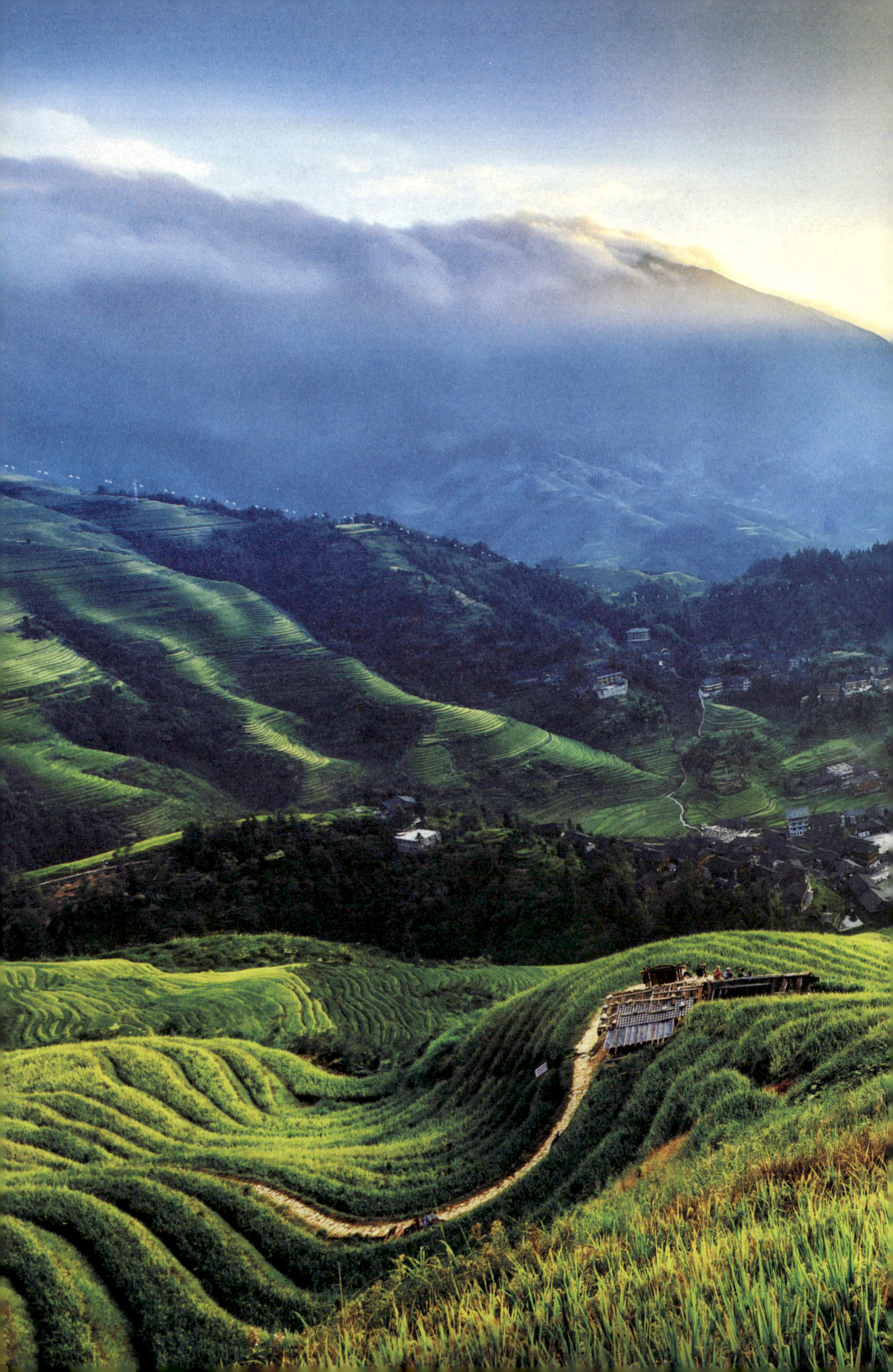

桂林龙脊梯田

龙脊梯田气势磅礴、线条流动、神韵变幻，犹如翻腾的巨龙，腾越出一种叱咤风云的野性力量。

来到桂林，无论你和挚友、爱人还是陌生旅伴一同徜徉在漓江上，都能轻易感受到置身于天光云影中的惬意。极目远眺，看到的是没有尽头的墨绿色江水和缓缓映入眼帘的层峦叠嶂。倚靠在小舟上，沐浴着晨露的芬芳，云朵随你一路顺流而下，阴影缓缓倾泻，伏波山、独秀峰、叠彩山依次被浓荫染成了黛色。

登上龙脊梯田的石板山路，在湿润而清新的空气中深深呼吸，从心跳到眼神，甚至每一处末梢神经都得以舒缓。此时此刻，你突然发现自己不再是一个被俗事缠身的人，之前的所有不开心在这里都变得微不足道。内心深处突然有音乐叮咚响起，轻快的、缓慢的、柔软的、火热的。细细聆听，你会发现那是一首只有你能听懂的山歌。在歌声里，你倏然放下无法释怀的过往，抖落了一地回忆的尘埃。那是因为，心在这如歌的行板中得到洗礼，看看身边的人，才发现原来人与人之间的淳朴真挚并不只出现在老电影里。

如果你只是一个人，那就尽情享受这难得的自由吧。夜色温柔，阴雨散尽，空气里氤氲着令人沉醉的悸动。选一个热闹的旅舍住下，摆弄客厅里的老旧什物：风琴、唱片、信笺、原版书，在柔软的灯光里听听来自世界各地的旅行者讲他们的故事。深陷在被蜡染布包裹的沙发里，种下一个小小的梦想——永远留在这个美丽的小城品茶听书，看云卷云舒、花开花落。

来到桂林，不管你只有零碎的观光时间还是整个悠长假期，不管你带着什么颜色的心情抵达此地，漓江的山水画卷中，象山公园的石林仙境里，龙脊梯田的壮美风景……都能让你找到属于自己的独家旅行记忆。

遇见·诗词里的远方

· 桂林旅游注意事项 ·

1. 桂林的游船能直接到达阳朔景区，非常方便。

2. 在桂林乘坐竹筏能完整地感受桂林山水的风采，如果乘坐机动船，也可以要求船家不开马达。

3. 桂林山中气温较低，道路湿滑，游客需携带防潮的衣物以及防滑鞋。

阳朔 时光流转之地

Yangshuo

Chapter 4 · 人间芳菲，水如罗带山如屏 ·

寄杨五桂州谭
唐·杜甫

五岭皆炎热，宜人独桂林。
梅花万里外，雪片一冬深。
闻此宽相忆，为邦复好音。
江边送孙楚，远附白头吟。

若桂林是一幅仙人提笔画江山、水墨倾城氤行板的绝美画卷，那阳朔，定然是画卷中忽如神来的点睛一笔，或许，不是浓墨重彩之处，却流转时光，历久弥香。昔日，杜甫寄信给故友杨谭时，曾叹"宜人独桂林""梅花万里外"，一个"独"字，话出了无尽的艳美，一个"宜"字写出了山高水长，一个"外"字，写的却不独是万里之外的朵朵"梅花"，还有大榕树畔山清、水秀、峰奇、洞巧的阳朔！

桂林山水甲天下，阳朔堪称甲桂林。既然已到阳朔，阳朔的山水定是要细细品味的。西街的尽头就是举世闻名的漓江，江水是碧绿的，是绿茶般清雅的颜色，只要坐在江边，就会觉得清爽。江面虽宽，水流却不急，天空的云朵行进得也很慢，在山与水之间投下各种造型的影子，仿佛青山与江水也感染了这里的闲散气氛，不忍向前。

沿着水边来到兴平老街，这里的一切都带着回忆的味道。道路不是最古老的，却能引起人们对儿时乡间的回忆——旧得似乎要被岁月消磨掉的青石路，路边小狗旁若无人地啃着骨头。

老街两边有许多老人，他们半闭着眼睛抽烟，对于过客们好奇的目光毫不理会。横七竖八的电线穿过街心，把街巷分割得有点凌乱，麻将的声音不绝于耳，悠闲的狗似乎比人还多，不时回头看着过客。如此平淡而祥和的老街，住在这里的人很满足地生活着，而路过这里的我们，穿街走巷，从喧嚣中走出，

西街

西街上总是人潮汹涌,老旧的石板路两旁是一间又一间风格迥异的酒吧,不同肤色与面孔的游人穿梭其间,沉浸在这微醺的氛围中。

仿佛回到了童年。

穿过老街，登上游船，近距离接触漓江，才发现江水很深，但仍然看得到水底的植物和卵石。那近乎透明的浅绿，干净得叫人怀疑江中的鱼儿能从这么洁净的水中自己蹦出来。

漓江的山水在眼前缓缓而过，各种形状的山峰石像一一呈现，还有许多美丽的传说。柔山秀水，流光飞舞，几只鸟儿不时掠过天空，在游人的眼前增加了一道美丽的风景线。山上的绿树裹着淡淡的水汽，偶尔一两块暴露出来的赭红色山体上，有几个攀岩的人在岩间跃动。风景在你眼中，你亦是别人眼中的风景。

游完漓江，在沉醉中回到阳朔，游人开始在西街游荡。西街上以酒吧居多，间错着许多卖各色艺术品的门面，这里是阳朔最热闹的地方。百年的青石板路上，不同肤色的人们，怀着相同的迷梦走到这里。时光在这里的流转不再古朴，而是镀上了一层美妙的金光，悠闲不只印在每个人的心里，也挂在每个人的脸上。

西街不愧是洋人街，不时地能看到一群外国人在路边喝咖啡，悠闲自在。大概是因为外国人比较多，西街的古董店也很多，木雕、徽章、古碗等小玩意儿应有尽有，一条街就像是一个博物馆。在这里用心寻找，很多仿制的小"古董"，也能带给你有趣的体验。

西街的夜晚，随着灯花迷离，在酒吧、水吧、餐吧体验夜生活，则是另一种享受。

遇见·诗词里的远方

·旅行温馨提示·

最佳旅游时间：日照充足的阳朔4月~10月是最佳旅游时间。
必吃美食：
1. 啤酒鱼：当地最负盛名的美食。红红的浓汤裹着大块色泽浓郁的鱼肉，鲜香里带着些许辣味，足以把五官都调动起来。入口，肉质丝丝细嫩，辣味和鲜味的混合能满足任何挑剔的味蕾。
2. 田螺酿：口感韧而嫩滑，香绵绵长鲜美。加上淡淡的薄荷味和三花酒味，够味够辣，堪称阳朔菜肴中的一绝。

Kunming

昆明 彩云之南，春波向晚

昆明玉案山
唐·道南

松鸣天籁玉珊珊，万象常应护此山。
一局仙棋苍石烂，数声长啸白云间。
乾坤不蔽西南境，金碧平分左右斑。
万古难磨真迹在，峰头鸾鹤几时还？

  那一年，那一天，山花向晚，禅衣仗剑的道南，与童话般的斑斓相逢于玉案山巅，心驰神往，遂发"松鸣天籁玉珊珊，万象常应护此山"之叹。徜徉山水，萋萋筠竹，尝愿以诗弘佛法的他总以为万古难磨的真迹既在，那期慕如画桃源的峰头鸾鹤便终会回还，却不知，鸾鹤朝朝暮暮想念的从不是苍石畔的仙棋，而是滇池的明月、西山的朝霞，是彩云之南醉美的春城。

  梅绽隆冬香放满，柳舒新岁叶将稠。无论你选择以何种角度、何种方式与它邂逅，位处中国西南、云贵高原中部的昆明，都能赋予你一段无雨的深情。
  滚滚金沙江水用千年的时间普度了滇池的春夏，玉案山峻拔的侧影外从不乏缱绻的秋冬。三面环山、一面临水的昆明纵便浸染了山原无尽的红，也挡不住遍野得天独厚的青。昆明夏无酷暑，冬无严寒，四季如春，繁花不落，是以，又名"春城""花城"。
  春城的美，是一种清清淡淡的美，不浓烈，却充满了明媚与烂漫。漫步昆明街头，向左，可见风光幽冶；向右，可望岁月千年。桥香园的米线冲不淡文艺的情怀，南屏街的青石板上烙印的全都是曾经的呓语。俯首，看不尽满树的山茶；仰头，晴空永远澄澈得令人感动；转身，石林下过了雨，一雨织成了秋；回眸，以"昆明"为名的西南夷部落早成往事，滇池的春风却还吟咏着春城亘古的月明。

颦香波暖池中月，红鸥绿柳大观楼：滇池

滇池，古名滇南池、昆明池，是云南最大的淡水湖泊，尝有"高原明珠"之誉。

相传，滇池边曾繁衍生息着一个远古部落，名为"滇"，环滇池，连绵数十峰峦，纵横万顷阡陌，皆是滇部落人耕耘、渔猎的"桃源"。然而，白云苍狗转眼，昔日袅袅的炊烟仍绕着波暖，人面却已随了东风渡。

伫立龙门，俯瞰滇池，一望无际的烟波渺着碧绿，波光粼粼，翠色满眼，当天光照云，一隙阳光伴轻虹漫洒，恍惚间，竟似青天在水，浮沉之间，诗意盎然。待月色初开，深浅不一的绿泛滥了素秋的银，点点白帆高挂，一池渔火共繁星倒悬，邀上三五好友，泛舟池上，宴饮壶觞，听樵歌唱晚，亦其乐无穷。

待一枕清霜泷，冬雪初飞，东西横斜、直入滇池中的海埂公园便会迎来属于它的巅峰，成百上千只红嘴海鸥丛聚埂边，或盘桓、或旋飞、或双宿双栖、或仰首低鸣、或啄着细细的白沙苦思冥想、或戏水池中把鱼儿抓，悠然、惬意，蔚为壮观。

西南内陆，高原古城，竟有只在海滨出现的海鸥栖息，此番奇景，天下难寻，以至，每次红嘴鸥"莅临"，春城人总会怀抱着一种朝圣般的虔诚来喂食，那满溢的热情，一不经意，便化作烈火，将满川的银白镶嵌上绯红的桃花雨。

▼ 昆明滇池红嘴鸥

跟着诗词去旅行

滇池最美的绽放，还是在阳春，草长莺飞处，杂花生树，岸柳垂绦。东风拂波，暖暖的金揉着浅浅的绿、轻轻的蓝、柔柔的绯红，一转眼，便将流觞花海具现。清露滴落，蕊香斑斓，红日朝霞里，小桥流水的"江南"风致更映秀了大观楼。

游滇池，海埂不能错过，大观楼同样也不能错过。

▲ 鲜花盛放的昆明

▶ 西山龙门

　　大观楼，在滇池之北，是一座三檐四角、朱柱黄瓦的三层木结构楼阁，楼不甚堂皇，但却是俯瞰滇池的绝佳处所，虽无翠羽丹霞，却也神采飞扬。尤其是楼上镌刻的那副被誉为"天下第一长联"的对联，洋洋洒洒，才情天纵，既成全了孙髯翁的美名，亦成全了池边楼上"万里云山一水间"的盛景。四围香道，阡陌纵横草海，伫立大观楼，举目而望，望不尽滇池的缠绵，亦望不断西山的秀色。

▲ 碧鸡坊

昨夜西山凋华亭，更漫落，一树山茶：西山

相比风声、水声、鸟声、林声，声声如天籁，松鸣总不休的玉案山，横卧滇池之西的西山千年来一直萦绕着一抹知性的宁静与柔美，仿若一位历史里的睡美人。

西山，又名碧鸡山、卧佛山，连绵数十千米，花木幽芳，峰峦奇秀，古来，就是滇中第一佳境。在西山上俯瞰滇池，山影弄波，翠黛迤逦，美好无限。

漫步山中，满目芳菲，胜景无限，然而，最胜者却在龙门。

此龙门，自然非彼龙门。

西山龙门石窟，乃彩云之南规模最宏大、风景最优美的道教石窟。悬崖松径、峭壁藤萝，由三清阁到玉皇阁，由玉皇阁到龙门，由龙门到慈云洞，步步登高，点点幽奇，一座又一座石雕上下错落、绵亘轻耸，移步换景，景动人动，竟似跨越了星辰大海，漫溯了远古神仙府，纵无蟠桃玉树，亦觉瑶草奇花，不尽芳菲落。尤其是冯虚御风龙门上，倚着千仞重岩，俯瞰万丈深渊，滇池之秀、春城之丽一字铺排，渺若微尘，那种视觉上的冲击，非亲历难感亦难言。

另外，西山还有两座闻名遐迩的佛教寺院，一为太华山太华寺，一为华亭山华亭寺。

太华寺始建于元代，沧桑几转，亭阁成曲，恬静悠然。寺内，大悲阁，彩绘重檐；万顷楼，观万顷晴沙；天王殿，粉彩四大天王神态安闲；映碧榭，两亩芳塘，一线云开。山门外，传为明代建文帝手植的老银杏仍枝干参天。

华亭寺在华亭山山腰，旭日熔金时，循着簌簌的修竹之声，漫着松香，一路向上，绕树千幛，便能看到那雨后新晴、微微被苔痕点染了门前长阶的华亭寺。华亭寺是精致的、古老的，也是烂漫的。当春之时，盈盈一水萦钟楼，香被云锦，"赤球绿甲攒高树"，山茶盛放，大朵大朵的山茶燃烧成了一树树绯红的云，一树树绯红连成了一河汹涌的潮，潮头漫落，卷了钟声禅唱，亦卷了那熠熠的时光。

彩云之南的一把时光沙：石林 · 昆明老街

时光的沙砾，轻轻闪着微光，多角多棱多面，每一个角，每一条棱，每一个侧面，都镌刻着属于过去的记忆，譬如石林，又譬如老街。

石林，是风的记忆，是雨的记忆，也是海与大地的记忆。沧海桑田辗转，风雨剥蚀百万年，方有了石林彝族自治县内这片巧夺天工的自然奇观。

石林的石，百态千姿，异而绚丽，有的矗立如峰林，有的峻拔接云天，有的纤细柔婉映着叠水，有的雄奇突兀掩着白云，有的形若思妇，有的神似梧桐……阳光晴和的日子，灰白的石峰下总有憧憬着阿诗玛传说的彝族姑娘跳着撒尼舞；落雨的时候，赭色的石林又把微微摇曳在雨幕中的火把幻成了银河繁星。女孩子们的眼中流离的是灰白黑红点染的天空，手上，一幅幅彝族古老的刺绣，绣的却是昆明老街的无尽风情。

▲ 石林风景名胜区位于石林彝族自治县境内,景区由大石林、小石林、乃古石林、大叠水、长湖等8个风景片区组成。

　　昆明老街,是昆明的十大城市名片之一,镌刻着历史,是无数春城人心中永远的诗意。

　　漫长的岁月,早斑驳了老街的眉眼,那些古大理国时的飞檐翘角早就成了烟尘,剩下的只有明清时白族的门楼、民国时彝族的花窗,还有,那怎么抹都抹不掉的文艺气息。

　　走在昆明的老街,看那花草掩映的茶馆、黑白剪影的旧照片、古色古香的店铺、红艳艳的剪纸、斑斓的刺绣、圆润的葫芦雕刻、舌尖上的糖画、惟妙惟肖的泥塑……一切的一切,都透着一种源于生活的精致,令人沉湎,亦令人迷醉。

　　穿过老街的文艺与斑驳,若心中仍有春波向晚,那去金马碧鸡坊看看"金碧交辉"的奇景、去黑龙潭赏赏一枝留春的红梅、去民族村和拉祜族人一起跳跳芦笙舞,或者去斗南花市买斤花、去翠湖公园偷一缕晚霞,都是非常浪漫的选择。

　　池畔花开处,半江渔火,两行秋雁,苍烟落照无穷。西山行路,万顷晴沙白,三春杨柳,九夏山茶,不过渔歌深处。踏着东风,悠然漫步在暖阳融融的春城,不见阡陌,不见峥嵘,老街的尽头,却总有岁月留驻……

白帝城 水天一色多灵秀

早发白帝城
唐·李白

朝辞白帝彩云间，千里江陵一日还。
两岸猿声啼不住，轻舟已过万重山。

　　连宵细雨霏霏落，万里瞿塘白云生。邂逅白帝城，不过一时冲动。然而，当彩云间的白帝城晨曦初露，当一日还的江陵裹了巨浪滔滔，当猿啼响彻了岸林深树，当轻舟侧畔的万重山被赋予无尽的向往，效法李太白，早发白帝城，临托孤之旧地，膺蜀汉之峥嵘，便也成了一生的感动。

▼ 白帝城内的风景

白帝城山的雄伟和水的灵秀是无法用语言来描述的。在那明净的夜晚，山的线条于朦胧中柔和顺畅地流淌，星星的倒影在江水中碎成了人间无尽的相思。泛舟江中，天水一色，听着水声的清越，看着波涛的荡漾，心顿时静了下来，如入梦境一般。空气清新，带着山水特有的淡淡的土腥味，夹着湿气在身边流转。抬头望去，山顶的白帝城似乎很遥远，布满星辰的夜空在星辉中黯淡了夜的深蓝。

如果你想领略一番白帝城特有的灵秀之气，可以选一个晴朗的清晨去山脚附近，拾级而上。攀登近千级石阶后，就到了山顶的白帝庙。庙前，雄壮的夔门尽收眼底。至庙中，明良殿、武侯祠、观星亭等明清建筑古风依旧。刘备、诸葛亮、关羽、张飞的雕像栩栩如生。绕到庙后，可见蜿蜒秀美的草堂河从白帝山下入江，风轻轻吹过，不知名的花香一阵阵向你袭来，淡雅而不失韵味。

白盐山上那长千余米的青石隔江可见，看不清的是被人们称为"粉壁墙"的大青石上的题刻。粉壁墙以东的墙壁上，有一排渐渐升高的方形石孔，只看得清大概，人称孟良梯。当晨光给周围的一切，庙宇、蓝天、碧水和石阶都染上了一层淡淡的粉色光晕时，一种难以言传的平静感仿佛透入了灵魂深处，整个身心都已融化在山顶那足以忘掉一切的静谧之中了。

▲ 白帝庙

白帝城的名气源于三国时蜀主刘备在此托孤于诸葛亮，更源于李白那梦幻般的诗句——"朝辞白帝彩云间，千里江陵一日还。"白帝城以博大的襟怀广纳天下贤士，那些为官于此和过往于斯的文人墨客，感慨于它的秀美风光，多有吟唱，白帝城因此又被称为"诗城"。身处白帝城，心情会被晚霞浸染得绯红，能真切感受到那份让昔日的文人们禁不住狼毫沙沙的悸动。

当一眼瞥见风儿呢喃着将树和草斑驳的绿意掀入巢穴，当眼见朦胧的山雾将灵魂滋润成一朵默默开放的山间小花，有谁能不沉醉于白帝城的山水之美？

隐约的流水声，从远处传来，从壁立的峡谷的脚趾上流过来，从葱绿的大树的脸庞上流过来，流到了山顶的白帝庙前，流到了立于庙前的游人心中。

光阴似水声，迢迢去未停。三峡工程在人们的期盼中竣工，175米的库区蓄水位，将部分景点淹没，也造就了更多新的景点。而白帝城，由三面环水一面依山变成了今日的四面环水。曾经的风景不改，却多了一份灵秀。

西岭雪山 云海上的冬日恋歌

Xilingxueshan

绝句
唐·杜甫

两个黄鹂鸣翠柳，一行白鹭上青天，
窗含西岭千秋雪，门泊东吴万里船。

  曾以为，《绝句》中的种种，不过是诗人的夸张。直至，相遇西岭雪山，才发现，原来雪竟真的能被演绎得如此极致，原来一座山真的能囊括十万彩语、千种翩然。杜鹃朵朵烂漫了冰瀑的五彩，葱茏夏木笼不住金山的夕照，层林彩叶点缀着日月坪不泯的冰蓝，琼枝垂落的更是竹叶婆娑间最纯色的惊喜。

  "窗含西岭千秋雪，门泊东吴万里船。"不到西岭，你永远不会知道，原来，雪也可以被演绎得如此酣畅淋漓，如此倾城绝艳。西岭雪山，位处成都以西大邑县西岭镇，是国家4A级风景名胜区，向来闻名遐迩。

  邂逅西岭，四季皆宜。春日，阳光融融，杜鹃花烂漫着日光；夏日，碧树葱茏，知了声声惊了霓虹；秋日，雪山红叶，层林尽染，云朵上交织着炫目的斑斓；冬日，千里冰封，万里雪飘，初雪飘落时，总散发着幸福的味道。

冰瀑雪峰多唯美

  西岭雪山，以雪闻名遐迩，最美的自然是雪景。
  当深秋的清寒与金红的阳光在云海之上相遇，西岭的初雪便已翩跹而落。
  秋末冬初，邂逅蓉城，登临西岭，看着一点点的莹白在漫山的金色之中晕开，看着一层层的雪将红叶点染，看着那火中萦白、白中点翠的盛景，看着那纷纷扬扬、缓缓蔓延开来的唯美，的确是一件很浪漫的事情。赏雪的最好方式是雪中徒步。一路走，一路观景，慢一些没关系，毕竟，最好的时光，总在路

▲入冬后的景区银装素裹，紫色的房屋，狭长的小路，别有一番风情。

上，有些美景，若非在路上，极难遇到，譬如五彩瀑。

西岭雪山主峰海拔5000多米，为蓉城第一峰，终年积雪。天气晴好的日子，远远望去，纤尘不染的白色中总萦绕着一抹冰蓝；细观，剔透中却又别有一番五彩斑斓，那就是五彩瀑。

五彩瀑位处西岭雪山半山腰，距离獐子崖不远，高达数十、上百米的花岗岩嶙峋而立，褐红色的岩石间，层层水花呈羽状缓缓洒开，赤岩白水，美不胜收。金乌西垂时，金红的阳光照耀着水面，朦胧的水雾间可见彩虹，非常漂亮。

当然，五彩瀑最美的时候还是冬日。潺潺淙淙的流水在半空中凝固成冰瀑，绝美的冰蓝下似乎仍能听到悠悠的水声，仰头望去，壁立千仞，瀑布横空，壮观而奇美。

佛光普惠照金山

沿着五彩瀑，一路向上，粉雪用它的柔情装点出了一片粉白的世界，绵绵延延，一路如画。

跟着诗词去旅行

逶迤而上，眼前，又现出一片如玉的葱茏。站在日月坪，远远望去，云蒸霞蔚，袅袅的云雾萦绕着远处的雪峰峰巅，蓝、白、金三色相映，一片旖旎。

夕阳沉落，新月初升时，若是有幸，可以看到日月交辉的奇景，雪峰翠林，月华日晖，极是炫目。月至中天时，墨蓝色的天空中繁星点点，缕缕银辉洒下，日月坪畔带着原始自然气息的森林中不知不觉间便有"佛光"溢出，柔和的"佛光"，流转着最宁和的淡金色，映衬着远山的雪，近野的绿，梦幻而绮丽。这就是西岭最著名的森林"佛光"。沐浴过"佛光"，一夜无眠，初晨时分，站在坪上，还能一览日出时的气象万千。

金红的色彩，自地平线上如水波般缓缓铺开、漫延、潋滟。仿佛是瞬间，又仿佛是永恒，黑暗被黎明撕碎，阳光便已经普照大地。若是足够幸运，还能一睹日照金山的奇景。金色的日光轻轻地铺洒在雪峰上，莹白被融化，冰蓝一点点地消退，剩下的便只有金色，纯粹的金色。金色的山峰，华彩绚烂，映着艳阳，映着山下的苍翠与淡淡花香，绝美倾城。

熊猫嬉舞分阴阳

除了日月坪、五彩瀑，西岭雪山

西岭雪山航拍图

Chapter 4 · 人间芳菲,水如罗带山如屏 ·

▲ 西岭雪山拥有南国最美的雪景,常言道:"春赏杜鹃夏避暑,秋观红叶冬滑雪。"

钟灵毓秀的地方还有两处,一处是熊猫林,一处是阴阳界。

熊猫林,其实是一片占地数百亩的箭竹林,林中竹叶婆娑、水石相映、野趣天成。春日杜鹃花盛放的时候,如一片火海一般,赫赫扬扬,似要惊艳整个世界。夏日,铁杉挺拔,别有一番风韵。秋日,天高云淡,林中红叶如织,倍显旖旎。冬日,万木凋零,琼枝玉叶却更添几分天然的风情。尤其是,当你偶然间与隐藏在林木中间,或坐或卧、或嬉戏或进食的大熊猫相遇时,那种惊喜,委实难以言喻。

不过,在西岭,最令人惊喜的其实不是熊猫林,而是白沙岗附近的阴阳界。

白沙岗上,砂岩嶙峋,陡峭的岩壁无声地彰显着造化的神秀。岗畔,一峰凌云,直插九霄;峰南,晴空朗朗,一碧万里,湛蓝的苍穹如洗过一般澄净;峰北却云霞蒸腾,白雾缭绕,朦朦胧胧,恍若另一片世界。一线之隔,气候差异巨大,万里晴空与千里浓云泾渭分明,蔚为奇特。

107

滑雪溜索飞起来

宁静的西岭，总难免清寂；动感的西岭，却又活力十足。

西岭雪山，不仅风景如画，而且山间运动项目极为丰富。邂逅西岭，便等于预约了一段速度与激情的冰雪奇缘。西岭雪山后山山腰，有一片巨大的冰雪娱乐区。

澄净的蓝湖水绚烂着阳光，盛夏时分，带着全家在湖畔滑草，其乐融融，冬季，在湖畔的滑雪场中纵情地驰骋，伴着雪与风，将生命中所有的热情张扬。

除了滑雪，还有许多惊险刺激的活动，比如能让男子汉们尽情释放自身粗犷气息的雪地越野车、能够让人纵享一把什么叫"命悬一线"的溜索、实现了人们千年飞翔梦的雪地飞伞、能让人在失重与超重之间"痛并快乐"的现代悠

◀ 来西岭雪山，感受这独属于南国冰雪的鬼斧神工。

波球等。

时光在冰雪中凝固，岁月在五彩间流岚，当碧空成为最美的背景板，暖暖的夕阳下，云海与大熊猫正在等待你的凝眸。

或许，西岭雪山并不是最唯美的一道风景，但当初雪慢慢洒落，当日光徐照金山，当五彩冰瀑如诗，当日月坪上佛光流转，当氤氲在白雪中的宁静铺展，那一刻，西岭雪山，注定将倾城绝艳。

遇见·诗词里的远方

·西岭雪山旅游注意事项·

1. 徒步登山的游客要注意保暖，上山时衣物要足够厚实，以免受风受寒。另外，虽然西岭是一个相对成熟的景区，但冬季气候严酷，路况一般，为了避免出现意外，登山时最好与相熟的朋友结伴。

2. 冬日，山路积雪不化，有时还会有薄薄的冰层，自驾游西岭雪山的游客开车的时候一定要当心。

3. 喜欢拍照的朋友要注意保护好自己的拍照设备，在冬季，拍照频繁的话，要提前为自己准备一副保暖效果足够好还不妨碍操作的手套。

专题

翰墨悲欢：一篇锦绣，一段深情

不记得是谁说过，"人一生至少要有两次冲动，一次奋不顾身的爱情，一次说走就走的旅行"。读来，却颇是认同。

一转身，一辈子。一辈子，很长，也很短。想要做的事情太多，需要做的事情太多，希冀领略的风景太多，盼着体会的悲喜太多，岁月的钟摆却在朝九晚五、日复一日的奔忙中越走越急、越走越快，以至，我们竟失去了"两次冲动"的本钱。

不过，也没关系吧，冲动啊，一次就好。毕竟，行走在路上，同样能领略他人一场又一场或让人羡慕嫉妒恨、或让人悲叹哀怜的爱情悲欢。说不准，还能与命中注定的那个人在正确的时间、正确的地点来一次前世今生的邂逅。

纵使相逢应不识，尘满面，鬓如霜

痴痴地恋，痴痴地等，痴痴地守候，痴痴地泪落。

对一个女人来说，最深的长情，最真的爱恋，或许就是，即便你走了，他的心里依旧满满的全是你的影、你的笑、你的音容。是他愿意为一棵枯死的你，放弃整片的森林。一如苏东坡与王弗。

东坡的老家在四川眉山，少年时，东坡曾在眉山青神县的书院中学习，他有一位老师，叫王方。王弗就是王方的女儿。王弗容颜淑美，性格温婉，且颇富才情。东坡被她深深地吸引住了。

十九岁那年，痴痴恋着王弗的东坡，得王方允准，娶了王弗为妻。自此夫妻恩爱、琴瑟相谐、如胶似漆。东坡生性率直，不懂人心多变，每每被骗、被欺，或无意间得罪人时，王弗总会想方设法地提醒他，为他圆场。东坡读书习字时，王弗亦在一旁红袖添香、默默相伴。然而，红颜终归天妒，十一年后，王弗亡故。

自此之后，东坡的世界里便没有了阳光，午夜梦醒，泪水淋漓，总能将黑暗一并濡湿。如是，十年晃眼，东坡心中的痛却丝毫也未减。念着亡妻，他写了"十年生死两茫茫，不思量，自难忘。千里孤坟，无处话凄凉。纵使相逢应不识，尘满面，鬓如霜"的断肠之言，个中凄切，委实感人肺肠。

于今，行走在眉山旧地，眸光流连之间，依旧能目见许多独属于东坡与王弗的爱情痕迹：岷江侧畔，微风细草的中岩寺，雅致古朴的中岩书院，峡壑幽深、远山连黛的慈姥峰，葱茏的绿荫中摇曳的尽是初恋的欢颜笑语。山间林畔、石隙溪边，一丛丛怒放的"飞来凤"，似还在以那一瓣瓣无瑕的纯白为王弗伴舞，但唤鱼池畔，那笑语嫣然、拍手唤锦鲤的女子却早已成了一场幻梦……

梧桐更兼细雨，到黄昏，点点滴滴

深情总是一样的，但深情的背后，却各有各的不幸。

那一年，杏花微雨，李清照邂逅了赵明诚，从此，心中便种下了一颗多彩的太阳，每一日，都能收获缤纷的阳光。两人皆名门出身，女貌郎才，相结秦晋后，更恩爱非常。赵明诚爱收集金石玉器古董，李清照倾心倾力支持，哪怕为此"衣无重彩，首无明珠"也甘之如饴。李清照咏絮才高，在那个"女子无才便是德"的年代，终归不容于主流，赵明诚却惜她、怜她、愿与她诗词唱和，甚至坦然承认自己比不上她，当众拜她为师。二人你侬我侬，情深意笃。悠悠大明湖畔，垂垂绿杨荫里，不知留下了多少他们曾经的回忆。李清照词中，出现最多、恋恋至深的便是大明湖，这里是她的故乡，亦是她与赵明诚爱情绽放的地方。

大明湖在泉城东郊，千佛山麓，临趵突泉，山水空蒙，秀色旖旎，春有烟雨迤杨柳，夏有菡萏映红香，秋有芦花飞湖雪，冬有红梅点素妆，"四面荷花三面柳，一城山色半城湖"，自名不虚负。昔日，李清照与赵明诚曾把臂同览"青露洗，蘋花汀草"，曾"怕郎猜道，奴面不如花面好"，曾任"花自飘零水自流"，曾在湖心岛历下亭观秋月春风、长歌海右东，曾枕松风、援碧树、北极阁畔暗听涛……

然而，所有的美好，在生命凋零的刹那，终归云散，明诚病逝异乡，李清照一生孤守，相思成绝，往后"凄凄惨惨戚戚"，不断"寻寻觅觅"，可是，逝去的终归还是逝去的，如今，伫立大明湖畔，踏步清照祠，仰观清风冷月，我们所祈盼的爱情，不再是轰轰烈烈的，而是相守一生，哪怕所爱之人很平凡，哪怕生活枯燥无趣，只要爱人在，便是最大的圆满。

凤兮凤兮归故乡，遨游四海求其凰

悲剧的结尾，固然令人怜惜，固然能更撼人心肠，然古兮今兮，其实，盼圆满、冀欢喜，才是人心中最恒久的念想。

与其泪雨阑珊看一曲悲情，倒不如欢欢喜喜道几声安好，譬如，司马相如与卓文君。

司马相如是西汉闻名天下的才子，卓文君是邛崃貌美倾城的佳人，一场注定的相遇，让他们结缘，一曲炽烈的《凤求凰》让他们相知，一场大胆的夜奔成了一切的开始，一间并不华丽的酒坊则成全了他们最唯美的深情。

鹅黄柳绿的三月，邂逅文君故里邛崃，漫步古色古香的临邛古城，里仁街中，文君当年"当垆卖酒"的酒肆依旧烂漫着天边的斜阳；伊人取水酎新酿的"文君井"略有些斑驳的井口仍透着涟涟的甜蜜；琴台上，那"凤飞翱翔兮，四海求凰""将琴代语兮，聊写衷肠"的琴歌依旧回荡；小巧的园林，悠悠的水榭，静静的流泉，烂漫的山花，一切的一切，似也漫溯了时光，将昔年的幸福向往。

或许，相如真的有过纳妾之念吧，当琴棋书画诗酒花陡然变成了柴米油盐酱醋茶，他会动摇，会稍有倦怠，会一时冲动。但他心中还是深深地恋着她的，若不然，一万首《白头吟》也换不回一次回头。

那一次波折后，两人情深弥坚，最终，相携老去，真的做到了"愿得一人心，白首不相离"，在那样一个年代，这样的圆满其实是不可思议的，也因此，才倍显难能可贵。

情深深，雨蒙蒙，花前月下叹相逢，一篇锦绣，一段深情。或许，深情不负，或许相恋未满，或许美好成殇，或许相爱相杀。但，每一段爱情的背后，总有些东西不容辜负：譬如，"在天愿作比翼鸟，在地愿为连理枝"的相约相守；譬如，"金风玉露一相逢，便胜却人间无数"的相知相盼；譬如"衣带渐宽终不悔，为伊消得人憔悴"的相依相伴、不离不弃……

行走在路上，溯着翰墨，一路成诗，邂逅别人的深情，期待自己的长情，人生至此，纵不完满，终究无憾。

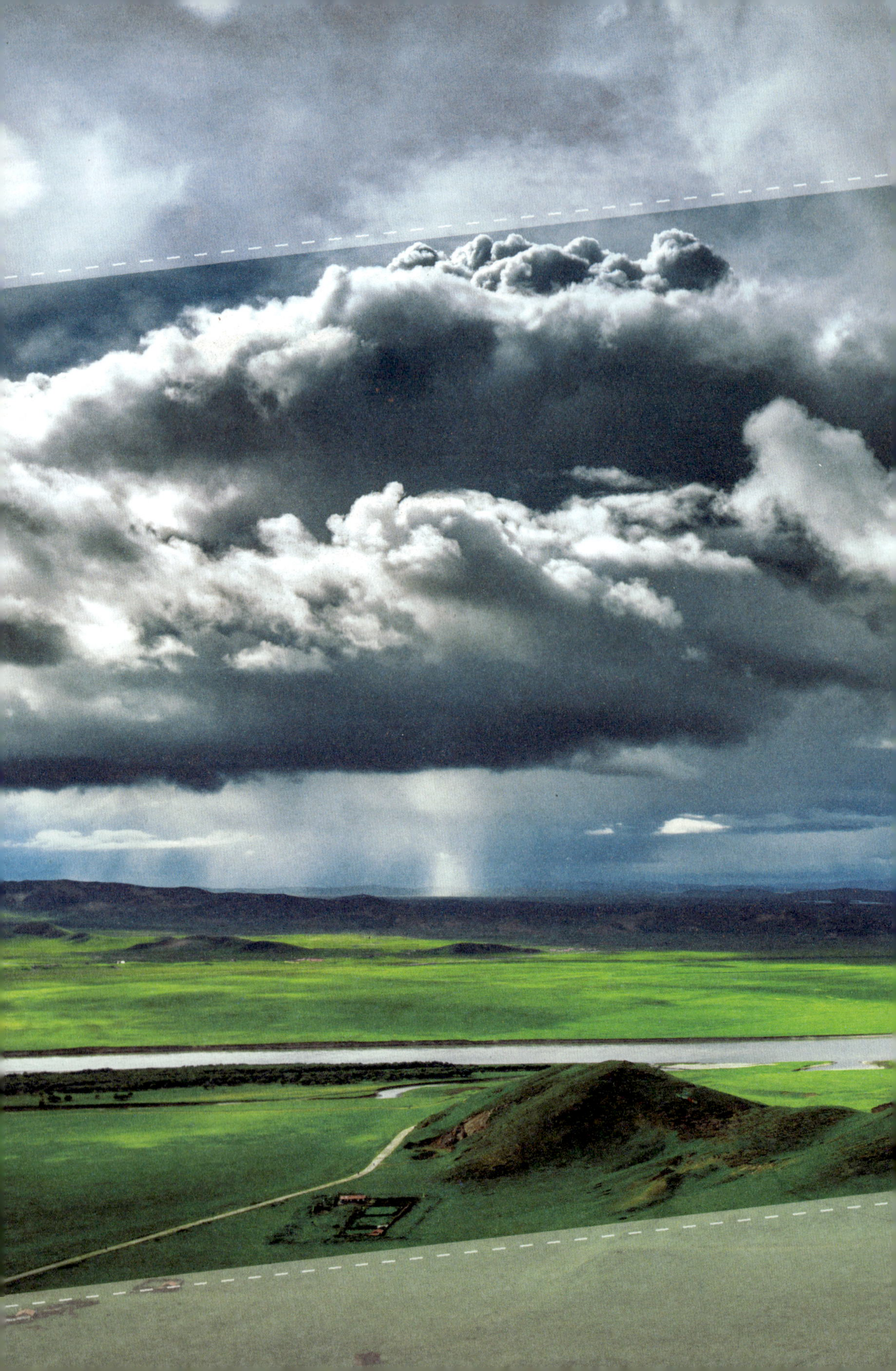

Chapter 5

风月江天，浪漫诗卷缱绻

长江三峡 山水之性灵，天地之大美

上三峡
唐·李白

巫山夹青天，巴水流若兹。
巴水忽可尽，青天无到时。
三朝上黄牛，三暮行太迟。
三朝又三暮，不觉鬓成丝。

素湍清波、怪柏临风、回峦影重、霜旦猿鸣，滚滚长江东逝水，浪卷千年，也卷不尽三峡的峻茂与清荣。三峡是个什么样的地方呢？李白晚年行经三峡时，曾感"巫山夹青天"，虽满腹萧然，叹的是三峡之险恶行难，但笔尖流转的，却全是磅礴山水、雍容气度。"三朝又三暮"都走不出的黄牛峡，巴水忽可尽处的明月湾，号称"中华第四泉"的蛤蟆泉，天坑畔吟风咏月的白帝城……山水之性灵，天地之大美，尽蕴其中。

长江三峡是万里长江上最为壮美的峡谷关口。三峡西起重庆奉节白帝城，东至湖北宜昌南津关。值得一提的是，长江三峡流域的几座城市，自古都承载着许多诗意与传奇，奉节城如今残存的两道古城门，一个叫"开济"，一个叫"依斗"，都是取自杜甫的诗句。而所谓"三峡"，分别指瞿塘峡、巫峡和西陵峡。

"峰与天关接，舟从地窟行。"古人如是说，这天水相连的奇观便是瞿塘峡。瞿塘峡是三峡之中最短的一峡，它也是三峡之中最雄伟的。瞿塘峡入口处两岸悬崖高耸入云，相距不足百米，如同一道半掩的门，这道门也被称为"夔门"，山岩上有"夔门天下雄"五个大字。相传古代驻守巴国的赤甲将军曾在瞿塘峡囤积兵力，因此瞿塘峡左侧有一座山名为赤甲山，形似蟠桃。而右边有一座神奇的山峰，无论天气如何，山峰表面总是弥漫着一层或明或暗的银色光辉，因此被称为白盐山。瞿塘峡虽短，却是整个三峡的咽喉。

重庆巫山县和湖北巴东县境内，有一座被视为女神的山，这里云雾缭绕，

▲ 三峡风光

三峡迂回曲折，景色清幽至极。两岸奇峰陡立、峭壁对峙，山巅云腾雾绕。穿行在狭长的峡谷间，无不为她的壮美奇秀而叹服。

群峰起起伏伏，如同仙境一般，这便是巫山。连通这一带的巫峡西起巫山县城东大宁河，东至巴东县官渡口。巫峡包括金盔银甲峡和铁棺峡，幽深而曲折。巫峡素来以幽深和秀美著称，嶙峋的怪石、延绵不断的悬崖绝壁，以及惟妙惟肖的各种天然"雕塑"、蒸腾的紫色云雾等，美好的景物比比皆是，宛如一幅徐徐展开的山水画卷。

西陵峡在湖北省秭归县境内，以滩多水急而闻名。如果把巫峡比作女神，映衬着江水中金色阳光的黛色的西陵峡则像一位刚强而不失优雅的骑士。西陵峡乍看平静美丽，事实上江中布满了怪石险滩。"西陵四峡"从左至右依次是兵书宝剑峡、牛肝马肺峡、崆岭峡和灯影峡。所谓兵书宝剑，是指这段峡谷中有一根上粗下尖的石柱，竖直地指向江心，酷似一把宝剑。宝剑旁边是一堆层次分明的岩石，如同堆积在案头上的一叠厚书，因此而得名。

漓江 *Lijiang* 天光云影了无尘

由桂林朔漓江至兴安

清·袁枚

江到兴安水最清，青山簇簇水中生。
分明看见青山顶，船在青山顶上行。

千峰连云环野绿，一水萦带有潆洄。关于桂林的回忆里，漓江永远都是那永不褪色的晴明。袁枚为何不愿离开那行在青山顶的船呢？因为舍不了天光下的浪石，因为仍眷念云影里江山汇景的叠彩，因为忘不掉白沙渔火畔的留公三潭，因为还记得青山簇簇间漓江最空灵盛美的容颜……

2013年，美国有线电视新闻网CNN综合风景、文化底蕴、冒险度、野生动植物、娱乐活动五大指标，评选出了15条全球最值得一去的美丽河流。蜿蜒曲折的亚马孙河以奇异的雨林景观、丰富多彩的野生动植物名列榜首，非洲的赞比西河、哥伦比亚的"彩虹河"、欧洲的莱茵河等纵列其间，中国的漓江也名列榜上，虽排位不高，但含金量却非常高。毕竟，这可是全球范围内的遴选。

诚如CNN所说，漓江或许并不若黄河、长江般闻名遐迩，黄河的雄浑、长江的壮美也非漓江可比，但相形之下，源于兴安、位

▲ 漓江

漓江，清澈绝尘，像一条玉带轻轻柔柔地缠绕在大地之上。

◀ 兴坪渔夫

夕阳下，渔夫和他的"猎手"满载而归，人、船和漓江平静的水面构成一个非常温暖的画面。

处广西壮族自治区东部、碧水潆洄、奇峰婉转、如歌的行板的漓江的美更容易让人沉醉。

百里漓江，百里画廊

"江作青罗带，山如碧玉篸。"大美漓江，在漫长岁月中从来都不改清颜。

它是世界上规模最宏大、风光最优美的岩溶山水胜地之一，典型的喀斯特地貌区，不仅孕育了无数奇峰、纷繁怪石，还孕育了数之不尽的翠羽黄禽、奇花异草，堪称造化的博物苑。

从桂林到阳朔，绵延近百里的水道，仿佛一条缠绕在万千峰峦之间的青罗带,船歌悠扬、青山倒映、悬岩漱洄、飞瀑激滟。竹篙动处,移步换景,忽直忽弯,忽缓忽急,前一秒还是孤峰兀立、峭壁千垂,下一刻便已柳暗花明、山海照峰林。江流百里,一里一琅嬛,处处尽水墨。乘一叶苍绿的筏,向青山更青处漫溯,即便没有烟雨,没有彩色,那澄澈碧透得仿佛没有染过一丝尘埃的水便也足够一生看。

东坡曾以"横看成岭侧成峰,远近高低各不同"盛赞过庐山,邂逅过漓江之后,你便知道,真正"远近高低各不同"、四时晴雪截然异的地方,其实是漓江。漓江迤逦百里,沿岸风光无数,既有一望西风凋碧树、芳草萋萋花满路的平畴旷野,亦有小桥襟带随流水、圩篱侧畔苇深深的阡陌田园;既能见浪翻涛滚飞瀑流,亦能观波澜景明彩虹天;既能赏晨曦烟笼雾含沙,又能见春潮暮雨群山巅;既能见黄布倒影清流显,又能揽半边飞渡一线牵……林林总总,美不胜收。其中,又以黄牛峡、浪石、兴坪最是形胜。

黄牛峡在漓江西岸,濒磨盘山,峡壑幽深,中多奇石。漓江宁静柔和的波涛自此澎湃急转,一断为二,浪拍三洲。舟行此处,顿觉开阔,举目遥看,可见绵亘十数里的山峰丛聚若一朵巨大的青莲,万千气象、险中蕴秀,殊是壮观。

浪石,在"九山半水半分田"的杨堤附近,是一排数十上百块丛簇若"巨浪"的礁石,石头形态各异、凹凸交错,岸畔山峦侧列、巍峨峻茂,水与山连,山将水分,狭光天映,一时流美无穷。

兴坪是漓江东岸一座有着四百年历史的小镇,一水迤逦,群峰环绕,如画的坪坝上,一间又一间极富桂北风情的民居错落,黛瓦青砖、马头墙、雕花窗,秀丽别样。黄昏时分,白沙渔火万点,镇上袅袅的炊烟、粉黛呢喃里的欢声,不知不觉便赋予了仙姿盛大的漓江一丝恰如其分的烟火气,让它变得更鲜活、更灵动。

山若碧玉簪,千姿带笑颜

漓江有四绝:清、奇、巧、变。清与变演绎的是水的雍容,奇与巧长歌的则是山的奇趣。

漓江的山,"处处呈奇观",峰峦纵列,形态万千,巧化万物,哪怕你已将想象力尽情放飞到了银河系外,依旧会为它们的光怪陆离而惊叹。仙人推

象鼻山

磨、鲤鱼挂壁、罗汉晒肚、美女照镜、童子拜观音、七仙下凡、秀才看榜、群龙迎宾、八仙过海、孔雀开屏、雪岭双狮等，不一而足，然而，若论钟灵毓秀，却还要属象鼻、叠彩、独秀三山。

象鼻山，又名漓山、仪山，是一座在岁月的波涛中沉浮了三亿六千万年的石灰石山峦。山不高，但却形肖巨象，有宽厚的脊背、粗壮的四肢、长长的"鼻子"垂落江中，远远望去，似有远古巨象在汲水吞江，惟妙惟肖。"象鼻"与"象腿"之间，还有一个小小的、浑圆的洞穴，就仿佛一轮悬浮在江上的"明月"；朔望之日，天上月、水上月、影中月三月齐辉，神秘悠远，清冷绝丽，委实美妙绝伦。

叠彩山，古名桂山，山中曾遍植桂树，山不挺秀，却极婀娜，一山之间，汇四方八面之景，风光旖旎。撑一叶竹筏，泛舟漓江，和天光云影，遥望叠彩群峰，顿觉诸色交杂，斑斓流溢，就如多匹彩缎叠垒青霜岸，长天敷彩，水墨融霞，确是风华无限。另外，叠彩山明月峰上还有一处长约20米的风洞，南北通透，状若葫芦，迤风迎露，很是奇特。

和叠彩、象鼻之天工造化不同，被誉为"南天一柱"的独秀峰，说起来并不算巧致，它的美一因挺拔，二因地利。循满眼古木青苍，拾级而上，登临峰顶，举目遥观，漓江数十里山水奇秀尽入眼底、风采殊秀，故为人所钟爱。

除了三山，漓江侧畔还有一山，不得不提，那就是九马画山。

九马画山，临江兀立，峭壁平阔，犹似刀削，削面之间，山纹石络层叠，青、绿、黄、白、红诸彩缤纷、杂相交错，远远望去，竟若一幅绘了九匹马的画屏。那些"马儿"，或垂首芳菲，或回颈遥观，或四蹄生风，或仰头长嘶……半壁丹青，千尺水墨，造化之雄遒笔力，由此可见一斑。

芦笛风中雪，七星仗剑歌

一江绕山，三山环水，碧水绕洞天。

漓江有三张得天独厚的地理名片：一江、二洞、三山。一江为漓江，三山为叠彩山、象鼻山、独秀峰，二洞则为七星岩、芦笛岩。游漓江，不游二洞，虽非败笔，却也遗憾。

二洞之七星岩，是一座纵列三层的天然地下溶洞，洞内钟乳倒挂、石幔石花丛布，有6洞天，35奇景，处处瑰丽，时时幻彩，置身其中，就仿佛走进了一

▲ 七星岩溶洞内奇观

片斑斓的神仙宫阙。"南天门"外，河汉清浅，"鹊桥"迢迢横驾；"银河"畔，希冀能捕得锦鲤的"仙人"正临阵磨枪地把"网"来晒；蓊郁虬结的"古榕树"枝干横斜，笑迎八方客；在"石索"上打着秋千的"锦鲤"则悠然地把"女娲殿"来看……遍地钟乳，一方云天，石头交织的童话，在七星岩，衍变成了千古不移的灯火灿烂。

前有七星，后有芦笛，和七星岩并称"两大奇洞"的芦笛岩，位处桂林西北郊、漓江畔的光明山上，亦是一座以钟乳奇观见盛的地下画廊，尝有"大自然的艺术之宫"之誉。其内，石笋玲珑，石柱纵列，有"花果山""水晶宫""盘龙塔""红罗帐"，由诸多钟乳石组成的"狮岭朝霞"，更是瑰丽奇伟、绚人眼目。另外，洞外的桃花江、飞鸾桥、湖池廊桥、田园风物也都很漂亮，有空的小伙伴，不妨也去逛逛。

漓江的山，清娴如诗；漓江的水，安然若画。三春柳绽、月下花容的日子，背上背包，邂逅漓江，在这美丽的河流上，为心爱的人，定制一段最浪漫的时光，真的很好。

Qinghaihu

青海湖 蔚蓝色的野望

关山月

唐·李白

明月出天山，苍茫云海间。
长风几万里，吹度玉门关。
汉下白登道，胡窥青海湾。
由来征战地，不见有人还。
戍客望边色，思归多苦颜。
高楼当此夜，叹息未应闲。

四月芳菲，长风吹送了关山的月明，望边塞，叹烽烟，危楼细雨，李白凭栏，发出了"由来征战地，不见有人还"的悲凉长嗟。大概，在他眼里，白登道、玉门关、天山，以及被人窥伺的青海湾，全都是烽烟弥漫的边邑，是戍客难还的战地，代表的尽是凄凉苦寒。却不知，苍茫云海下，青海湾浮沉在风中，却是蜿蜒曲折、最无瑕的惊艳！

青海湖，是中国最大的咸水湖，也是中国最大的内陆湖，位处青海省西北，藏语名"措温布"，即"青色的海"。

在邂逅青海湖之前，对它的美，无论是你，还是我，或许都有些半信半疑。一个地方，真的能美得如此出尘绝俗吗？但，当与青海湖涟涟的蔚蓝相遇，你才会发现，原来，所谓唯美，竟只是对它的一种低估。这片横跨海南、海北两个藏族自治州的水域带给人的震撼委实太多太多。

青海湖的美，美在蔚蓝，美在浩瀚，美在四季不断变幻的风景，美在环湖千姿百态的风景，美在恬淡的高原牧歌，美在沙漠绿洲，美在如繁星般点缀着

▲ **青海湖油菜花**
油菜花田像金色的麦浪，在湛蓝的天空下，显得更加明艳动人。

大地的牛羊，美在波澜不惊的澄平，亦美在接天连地的那一片灿灿金黄。

蔚蓝的野望，金黄的向往

无论你邂逅青海湖的理由是什么，环湖百里的油菜花都能在最恰当的时候送你一幅最壮阔的画卷。

是的，请注意，是百里，而不是百亩！和江南柳燕下婉约清淡的黄花碧水不同，青海湖畔，尤其是门源的油菜花，从来都是浩瀚的、磅礴的、热烈的、雍容的。

盛夏葱茏的日子，高原深蓝中氤着几许蔚蓝的天空下，连绵无际的黄花开始肆无忌惮地绽放。初时，还只是星星点点、一片又一片、夹在青稞麦浪中断断续续地泛着淡黄，浓淡相宜，色彩斑斓；待到8月，这淡淡的浅黄便瞬间蒸腾成连绵无际的浓烈金黄，伫立遥望，万顷的蔚蓝与百里的金黄在白云相接的地方，连成了一片浩浩荡荡的洪流，蓝的幽静、黄的灿烂，映着祁连山不泯的冰雪、田畔牛羊成群的人家以及错落在黄花中的几许烂漫的银，更美得壮阔、美得雄浑、美得霸气凛然。

及至秋叶打着旋飘落，漫漫金黄凋零成丰满的麦浪，青海湖蔚蓝如玉的水也自然而然地缱绻了那抹最宜人的深黄。秋高气爽，一片片、一丛丛灰绿之上，却绽开了数之不尽的火红，那是狼毒花。湖蓝、麦黄、天高、云白、如烈焰般的狼毒花轰轰烈烈地绽放，偶尔还有黑色的牦牛、白色的山羊乱入，如斯风景，似乎也只应天上有。

什么？你说你向往的只有青海湖那一泓浩渺澄净的水波？可以啊！其实，哪怕没有金黄、火红、牛羊、碧草的点缀，青海湖也能美得让最挑剔的人没脾气。

春草流岚，冰雪初融的时候，澄蓝的湖面上，散碎的冰块若一颗颗白色的星辰错落，蓝与白在晨曦的金红中交织，风景如画；仲夏细雨，波光涟涟，湖面上一个又一个小水涡，连缀起的便是蔚蓝里最迷你的斑斓；秋风乍起，湖面惊涛，流动的白沙漫卷了波澜，蔚蓝中亦飘落了几许淡淡的浅蓝，天光云影，浓淡相宜，分外美丽；待北风衰草轻折，大雪漫天，一湖的冰蓝尽被凝固成了琼素，寥廓江天，湖映雪，雪映月，月照湖，风华一时无两。

非独如此，即便是一天24小时，青海湖也能以一种你无法想象的"换装"方式，将数种风姿演绎。晨曦初露，金红的阳光与蔚蓝的湖水层叠，一片旖旎；午后，一望无垠的蔚蓝中悄无声息地便杂入了几抹明蓝；黄昏，原本一色的纯美竟化作了蓝、红、黄、白交织的斑斓，一泓蔚蓝后铺陈的是一抹浅红，一抹浅红后潋滟的是一片橙白，一片橙白后潋滟的却是淡淡的紫，紫色背后又是一泓深深的蓝，驳杂的色彩，偏又泾渭分明地铺陈着，一眼望去，怎么都望不到边，那种造化的盛美，不亲见，委实是种遗憾。

二郎仗剑，飞鸟宿沙丘

浩浩荡荡的长流固然宏阔，但其实，也是孤独的吧！

青海湖水域辽阔，湖上景致却并不星罗，相反，还很少，要算起来，环湖的种种风光且不论，真正与这片蔚蓝血脉相连的地方似乎只有三处：二郎剑、鸟岛和沙岛。

二郎剑是青海湖南侧一座狭长的湖上半岛，因形若二郎神手中之擎天利剑，是以名二郎剑。半岛不大，岛上有红顶白墙的小屋错落，也有无数藏式风格的民居、帐篷错落，五颜六色的经幡、雕塑鳞次，两条不算长的藏式小街蜿蜒的却是长到没有边际的向往。

岛屿深入青海湖的一侧，有一条迤逦着岁月的木质栈道，秋花初落时，漫步其上，慢悠悠地赏赏湖光，看看山色，委实是一种享受。兴致来了，坐上船，去西王母的"瑶池"上泛泛舟、吹吹风、钓钓鱼，也很不错。

船行迤逦，破浪乘风，若一不小心迷了路途，也不要惊慌，向西、向西，再向西，不过片刻，一大一小两座岛屿便会闯入你的眼帘，绽放一眸璀璨。那是鸟岛。鸟岛是统称，并非一座岛，而是两座。一座是海西皮岛，面积较为辽阔；一座是海西山，玲珑巧致，面积不大，但从某种意义上来说，它才是真正的鸟岛。

每年四五月份，候鸟归巢的时节，鸟岛便瞬间被翅羽勾连成了汪洋，海西皮岛壁立千仞的悬崖峭壁，一下子就转变画风，成了鸬鹚的巢山。海西山上，斑头雁、棕颈鸥、鱼鸥等数十种鸟类以啁啁啾啾的圆舞曲歌断了你不知多少的向往。不过，鸟岛最浪漫的时候，还是冬季，彼时，一群又一群越冬的大天鹅循着湖边淡淡的蔚蓝而来，或轻舞冰雪，或曲项歌天，画面原就温馨，并且，二三月正是青海湖旅游淡季，想想吧，也许，当你登岛的时候，岛上只有你和你的爱人，所有的天鹅都为你们的爱情而缠绵，那般情景，又该是何等的甜蜜与浪漫。

恋爱未满，幸福常翩，看罢只属于自己的"天鹅湖"之后，再去沙岛逛逛，才是完满。沙岛是一片新月形的大沙丘，在青海湖东，暖黄色的沙，绵绵软软，各式各样的沙雕绵亘着无言，登上沙丘，晒晒太阳、滑滑沙、玩玩沙地越野，感觉都很好。沙丘背后，是一片茵茵的绿草地，草地临湖，湖水清浅，而且，蓝中萦着一种稚嫩的青，非常美。彼时，无论是脱了鞋子去湖中戏戏水，还是躺在草地上看看牛羊，都能让被生活压抑了无数向往的人颇觉岁月静好。

黑马河畔日出

车轮转动湖光，眸中潋滟向往

　　将黄沙、碧湖、青草、牛羊同时镶进一幅画框，是独属于沙岛的神奇，自然不容辜负。同样，青海湖环湖数千米，一路的优雅，一路的旖旎，一路的峥嵘，亦不容辜负。譬如黑马河，譬如金银滩。

　　黑马河是青海湖畔一条蜿蜒狭窄的小河，平平凡凡，却是观湖上日出的绝佳去处。而且，河畔不远，就有一个藏民祭海的煨桑台，每年七月十五，身着盛装的藏民到此转台、诵经，并以盛放青稞、小麦、玉米、蚕豆等的"八宝瓶"供奉"神湖"，祈盼五谷丰登，场面不宏大，但极庄严。

　　金银滩是环湖北线上最美丽、最青翠的草原。那里，有"在那遥远的地方"的女孩，有驰骋飞纵的骏马，有触手可及的蓝天白云，有萋萋连绵的芳草，还有绽放于盛夏的金露梅、银露梅，田园牧歌，炊烟毡房，马鞭东指，飞扬的全都是情怀。

　　车轮卷动的是湖光，眸中潋滟的是向往。日月山、倒淌河、原子城、仙女湾、茶卡盐湖、湖里木沟岩画、刚察……青海湖的世界里，还有太多太多的地方值得去追寻、去探访、去回忆、去驻足，而在一切唯美不曾被展开之前，我们要做的无外只有一件事：背上行囊，带上相机，储备好欢笑，向着青海湖出发！

遇见·诗词里的远方

·青海湖旅游注意事项·

　　1. 青海湖环湖许多草场都属于牧民个人，会有铁丝网围圈，不经允许或者未谈妥价格，不要私自进入，以免发生冲突。

　　2. 不要随意给当地牧民拍照，随意拍照是很不尊重人的行为。

　　3. 青海属高原区，平均海拔超过三千米，要提前做好抗高原反应和防晒准备。

　　4. 青海湖是当地藏民心中的圣地，观观风景可以，但所有对"神湖"不敬的行为都不允许发生，譬如，不能乱扔垃圾，不能随意破坏湖边的玛尼堆等。

壶口瀑布 咆哮云天的苍黄

Hukoupubu

将进酒
唐·李白

君不见黄河之水天上来，奔流到海不复回。
君不见高堂明镜悲白发，朝如青丝暮成雪。
人生得意须尽欢，莫使金樽空对月。
天生我材必有用，千金散尽还复来。
烹羊宰牛且为乐，会须一饮三百杯。
岑夫子，丹丘生，将进酒，杯莫停。
与君歌一曲，请君为我倾耳听。
钟鼓馔玉不足贵，但愿长醉不复醒。
古来圣贤皆寂寞，惟有饮者留其名。
陈王昔时宴平乐，斗酒十千恣欢谑。
主人何为言少钱，径须沽取对君酌。
五花马，千金裘，呼儿将出换美酒，与尔同销万古愁。

若真的有一种色彩能激荡云天，那这种色彩一定是黄，黄河的黄。李白说："君不见黄河之水天上来，奔流到海不复回。"黄河归海处，苍黄萦碧蓝，长河落日，红柳沙鸥，那澎湃了岁月的苍茫绮丽固然令人感叹；但真正能攫住你我眼眸的，却还是那咆哮云天的苍黄、那"天上来"之水的磅礴，那只属于壶口的彩虹飞烟……

壶口瀑布，位于被信天游嘹亮了千年的晋陕大峡谷中段，东濒山西吉县壶口镇，西临陕西宜川壶口乡，惊涛半卷一天云，水波滔滔，是黄河之上最壮美、最磅礴的一道风景，有"黄河奇观"之盛誉。

它是世界上最大的黄水瀑布，也是中国第二大瀑布，与宁安镜泊湖瀑布、贵州黄果树瀑布齐名。那飞流直下的浑黄，激荡的不独是黄河的豪迈，亦是黄河峡谷、黄土高原、古塬村寨交织而成的绝美生命乐章。

▲ 壶口瀑布

壶口瀑布号称"黄河奇观",是黄河上唯一的黄色大瀑布,气势磅礴,蔚为壮观。

相传,昔年大禹治水,曾凿石导水于此,万里洪峰因而得以疏浚。传说是否真实,早不可考。然而壶口瀑布附近的确峭壁如削、苍崖杂峙,九曲扬波千万年的黄河在此陡然被收束,阔300余米的黄河水面在短短不足500米的距离内被压缩不到50米宽,然后自百丈悬崖之上垂落,"盖河漩涡,如一壶然",湍流腾云,气象万千,壶口之名,亦由此而来。

黄河惊雷处,未雨彩虹烟

吞吐万壑凌百川,出纳九曲酌千流。壶口之雄,雄在叠叠巨浪,亦雄在腾腾彩虹烟。

三月桃花汛,浩浩荡荡的黄河怒涛在两壁苍萝葛藤、巉岩怪石的俯瞰下势如破竹,飞流而下,惊涛漫卷,骇浪冲天,一股股白色的烟云随素湍而飞流不散。层层叠叠的瀑岩伫立着被冲蚀了万载的沧桑,浊黄的洪流亦在千丈横崖之上卷起重重岁月的涟漪,跌宕奔涌。遥遥望去,竟仿佛千山飞崩、银河倒泄、万马奔腾、千龙鼓瑟,不仅其势雄、其景壮,那隆隆如惊雷般的水泻声更声传数十里,入耳轰然。

若春秋两季,阳光晴好,素湍流飞、惊涛凌云时,那婉转在半空、蒙蒙若烟云般的水雾便会施展折射的"魔法",将那一缕缕流光化作一道道最美的彩虹。有的时候,这弯虹是斜的,自碧蓝的远天迤逦而下,落入水中,似长龙汲水，又似落杖惊鸿，波动虹飞；有的时候，这弯虹若一条缎彩流波的长桥，横架于滚滚黄浪上方，桥的这头，是唯美，那头，则是倾城；有的时候，若恰逢雨后初晴，壶口倒映着苍蓝的天际还可能出现双虹、甚至三虹横空的奇景。倘能遇上，自是滔天之幸；若事有不暇，也没关系，毕竟，壶口那澎湃自远古的洪流中还深藏着一缕亘古的柔婉——孟门夜月。

壶口瀑布

孟门夜月深，石窝镜里明

孟门，位处壶口瀑布下游河谷，是两块屹立在滚滚黄涛中的梭状巨石小岛。

相传，孟门原是一座小山，因曾阻绝黄河水道，被大禹一劈为二，化为伫立河上的两座小岛。略大一些的是大孟门岛，岛屿上立着大禹立龟的石像，还有清代金明郡守亲题的"卧镇狂流"巨匾。事实上，孟门也的确不复这个"镇"字，岛虽不大，但却在汹涌澎湃的黄河浪涛中巍然立了数千年，纵便水光遮天，也遮不了它的容颜。

当然，孟门最闻名遐迩的还是其夜月。

晴朗无云的月半之夜，一弯清月高悬于天，裹着铺满穹苍的墨蓝，伴点点昏黄，登临孟门岛。北望，可见一左一右两轮"明月"弄影波间，丛丛的月影你潋滟着他，我潋滟着他，二化四、四化八、八化十六，簇簇叠叠，竟连缀成两条碎了又聚，聚了又散的月链，美得超乎想象。蓦然回首，所有的月影却都风流云散，由北向南望，看到的不再是涟涟丛丛的月影，而是一轮皎皎的、宁静的，似乎一下子被放大了无数倍的，扑面而来的"明月"。

所谓造化神奇，大抵也便如此吧。

分流把酒邀明月，惊雷震彩对秋风，从天水共婵娟的浪漫中转身之后，若心中总有些躁动，去石窝放飞一下层出不穷的悸动，倒也是个合适的选择。

　　石窝，是咆哮奔流的黄河水数百万年夜以继日、矢志不移地冲刷而成就的自然奇观。壶口瀑布两侧或浅红，或灰绿，或苍褐的石壁石岩上，有很多石窝，大小不一，形状各异，但无论形状何等的光怪陆离，石窝的内壁永远都平滑无比，窝里清泉满溢，澄澈碧透，仿佛一面又一面横斜在天地苍茫间的宝镜。相传，嫦娥曾在此对镜贴花黄，我们比嫦娥自然是比不上的，便唯有退而求其次，站在石窝边来几张自拍就好。

▲ **壶口冰瀑布**

随着气温的下降，壶口瀑布慢慢溅水成冰，层层叠叠的冰峰倒挂在瀑布两岸的岩石和护栏上，形成造型奇特的冰瀑景观。

龙槽走旱船，冰瀑挂悬岩

乐够了，在瀑布声轰隆隆、急不可耐的催促下，赶紧继续向前，十里龙槽还等着我们去撒花、点赞呢。

十里龙槽，又名十里龙壕，是在壶口瀑布水流切割下浸蚀而成的一条宽三五十米、深一二十米、若飞蛟腾龙般的深槽。每年四五月，或九十月，黄河水量异常丰沛的时候，壶口主瀑布浊浪惊空、黄波捣海、玉柱凌空，蔚为壮观。下游的龙槽，亦随之飞珠溅玉，大大小小数十个瀑布横列其间，卷着水烟，或婀娜，或巧致，或素湍金阳，或帘卷白浪，或急流而下，或优哉慢落，却也奇秀天然。尤其是壶口铺天盖地的苍黄凝固成一挂晕开了寒冬初雪的冰蓝时，十里龙槽的群瀑亦以岁月的刻刀雕琢出了一幅幅、一挂挂千姿百态的风景，错落的冰凌，映着彩虹的冰挂，还有那因上游冰块堆积而形成的冰桥盛景，无一不美得令人心旷神怡。

另外，因壶口为黄河天险，河道狭窄，两岸峭壁夹天一线，根本就无法行船，所以古时候，所有行经壶口的船只都必须卸货空船，陆地行舟数里或数十里，方能重新入水。船小还好，稍微大些、重些的船，便需要上百船夫拉纤，方能缓缓前行。前行的过程中，船底的钉子摩擦壶口下游的石质河岸，天长日久，留下的铁钉划痕不知几多，现在，十里龙槽较为平缓的石岸上，还能看到旧日行船留下的痕迹。

溯着斑斑的钉痕，一路向东，不多时，便能看到一条向内凹陷的天然洞穴，那是龙洞。

龙洞，又名观瀑洞，是壶口瀑布下游最美的观瀑点。站在洞中，仰首而望，一泻千里的瀑布仿佛一条百丈黄龙俯冲而下，惊鸿起雾，洋洋大观，满目苍黄，排空激云。那种因近距离观看而带来的震撼感和压迫感，非亲历难以言说。

旱地惊雷辗转，彩雨一天晴烟。虹桥上，潋滟的也不独是孟门夜月、银川冰瀑，仰首望苍黄，踏步洪涛间，能相拥一笑的旖旎还有许多许多：同治长城、披甲山、梳妆台、龙门飞渡、明清码头、古炮台、四铭碑亭等，倘时间充裕，一个一个逛过去，然后，将所有的美好都打包成记忆，扣上壶口的邮戳，寄给未来的自己，其实也蛮不错的，不是吗？

▲ 于龙洞观壶口瀑布

遇见·诗词里的远方

·邂逅壶口，不得不做的五件事·

邂逅壶口瀑布，将"黄河之水天上来"的磅礴镌刻进记忆，自然是绝妙的选择。然而，走走停停的旅程总会有遗憾，为了让遗憾更少，在壶口，有五件事，我们必然要做：一，找一家地道的餐馆，品一品最正宗的黄河鲤鱼；二，和彩虹下的壶口瀑布合影留念；三，去看看孟门的夜月；四，去瀑布下的龙洞探探险；五，寄给自己一张盖着壶口邮戳的明信片。

钱塘江 一江烂漫一江潮

Qiantangjiang

潮
唐·白居易

早潮才落晚潮来，一月周流六十回。
不独光阴朝复暮，杭州老去被潮催。

　　潮连两岸平野阔，月涌白沙江水明。一片天青色的烟雨里，钱塘江发酵了千年的精致瞬间便涌动成了一片浩浩荡荡的潮。观潮之风，自古有之。那一年，白居易走过桃花源、桐君山，站在逶迤的海塘边，写下了脍炙人口的《潮》："早潮才落晚潮来，一月周流六十回。不独光阴朝复暮，杭州老去被潮催。"自此，那一条亘古的白线、那一片连绵的天青，便成了钱塘江永远的烂漫。

　　不知道是哪一年，浙南开化莲花尖，一洼洼、一潭潭、一泓泓、一段段或内敛，或朴秀，或清净，或柔和的水流，漫过千山，涌过万岭，裹挟着泥沙，裹挟着碧草，裹挟着江南无尽的性灵，一路向北，向北，再向北，或许流淌了一年，又或许流淌了千年，终于，流淌出了一片明媚的钱塘江。

　　钱塘江，为浙江省第一大江，东南名川，浩浩荡荡，古名浙江、之江、罗刹江，后来，因江畔悠悠崛起的古钱塘，而更名钱塘江。钱塘江干流宕阔，支流众多，水域辽阔。

　　一方水土养一方人，钱塘虽不若长江、黄河般纵横浩瀚，但横流三省，亦孕育出了无数灿烂的文化，哺育了数不清的人杰。茶文化、瓷文化、西湖文化、运河文化等皆以钱塘江为重要源流之地，吴越文化更滥觞于此。孙权、黄公望、陈硕真、郁达夫、王充、王国维、夏衍等钱塘江畔长大的英雄名士更为

钱塘平添了一抹亮色。

▲ 钱塘江沿岸城市风光

塔随清江碧，桥外歌霓虹

若清新宁静也是一种唯美的话，那这种唯美肯定独属于钱塘江。

三春繁花烂漫的时候，撑一支长篙，泛舟江上，远山的翠黛迤逦了它琉璃色的眉眼，近岸的亭楼漫卷了它的倾城，一簇簇并不显眼的绿，一点点飞在空中的白，流转着水光，不断地将它的温柔展现；盛夏，云气氤氲着白塔，一抹抹浓淡不一的绿在江上缓缓地晕开，和着夕阳的橙红，垂落了江南的水墨晴烟；待得秋高，鸿雁飘零了江水的深碧，那酝酿了一春复一夏的灯火，无声之

钱塘江畔六和塔

间,便已绽开了冬雪中最迷离的一场唯美。

钱塘江的夜,宁和、安然。墨蓝的苍穹下,星子错落着淡雅,横贯南北的钱塘江大桥若卧波的长虹般舒展着川流不息的妩媚。桥上、桥下,万家灯火阑珊,不经意间,便流淌成了一幅长长的、色彩斑斓的江夜长卷。然而,左岸高楼林立、流光溢彩的喧嚣繁华对钱塘来说,永远都只是一张精致的假面;右岸飘摇在六和烟雨中的清远、古雅才是它留在岁月里的真颜。

六和塔,始建于北宋开宝三年(970),是一座砖木结构的古佛塔,塔高近60米,合共13层,取佛教"六和敬"之意,取名六和。塔极纤秀,飞檐翘角,红墙褐窗,檐下有104只铁铃轻悬,微风过处,铃声叮咚,很是清越。塔内,两层合一层,共七层,有回廊,有塔室,有甬道,有壁龛。壁龛内,常雕须弥座,座上飞鸟虫鱼、祥云瑞叶、花草山川,皆刻得惟妙惟肖。

相传古人建六和塔的初衷,是为了以宝塔镇河妖,防止河妖兴风作浪。但显然,"河妖"并不曾被完全镇压,以至外泄的"妖气"竟浊了钱塘的水魄,让一向安静、宁和的它也变得暴躁起来。它每发一次脾气,潮水就涨落一次,年年岁岁,岁岁年年,日复一日,而六和塔,也俨然成了观潮最安全、最好的去处。

八月十八潮，壮观天下无

春分、秋分前后，是钱塘江涌潮的两大高峰期。春潮急，秋潮怒，不一样的风华，同样的壮阔。尤其是每年农历八月十八左右的秋潮，"壮观天下无"，被誉为"天下第一潮"，为举世罕见的自然奇观。自汉魏始，无尽岁月，为其所倾的人可谓不计其数。

钱塘江大潮，最壮观的是"一线潮"，最瑰玮的是"交叉潮"，最奇幻、最磅礴的则要属"回头潮"。一般我们所说的观潮，观的都是"一线潮"。

"一线潮"最佳的观景地有二，一在钱塘江畔六和塔，一在海宁古镇盐官。潮初起时，江面波澜不惊，澄净如画，待有惊雷之声骤响，一条细细的、长长的银线才悠悠映入眼帘。似乎只是一刹那，那一线横贯了江面的白便展延成了千米万米蜿蜒不尽的匹练。傍万涛擂鼓，及潮头渐近，匹练银虹便澎湃成了际天而来的"玉城雪岭"，连江吞天，气势磅礴，雄浑浩瀚已极。

浊浪排空翻倒海，倾涛卷雪决江河。潮峰过处，盐官一线的江面很快便会恢复平静，"一线潮"那似汹涌了钱塘江无限愤怒的潮头却还在不断地向西奔涌、推进，直到到达老盐仓，与那段伫立了千年的拦河坝相遇。"两军"对垒潮头败，无奈只能携一腔"悲愤"，以泰山压顶之势向东回流倒卷。浪涛汹汹，威势弥天，摧山断岳，这便是"回头潮"。

至于"交叉潮"，其实是因钱塘江入海口，即杭州湾附近南北地理的不协，东潮和南潮推进速度有快有慢，而形成的两潮交叉相撞为"十"字形的奇景。相撞的刹那，"海面雷霆聚，江心瀑布横"，万堆卷雪，水浪弥天，委实是惊心动魄。不过，"交叉潮"并不是每年都有，所以，对其有所期待的小伙伴最好做好连续两三年都在观潮最佳时期等待的准备。

另外，钱塘大潮潮涌期间，还可能形成"丁字潮""冲天潮""怪潮"等不同的潮涌盛景。"月影银涛，光摇喷雪，云移玉岸，浪卷轰雷，白练风扬，奔飞曲折"的钱塘夜潮也别蕴三分清隽风致，颇可流连。

▶ 钱塘江"一线潮"

独向桐君邀明月，芦茨村外说孙权

潮涨潮落，钱塘多少故事，从潮头的飞雪中将幸福拥抱之后，若兴致未满，不妨循着江滩，去探访江畔另外的芳菲之地，譬如桐君山，譬如芦茨村，譬如龙门古镇。

桐君山是"药祖圣地"，烟水泷云，遍野青黛，一峰挺秀，两水相环。烟雨迷蒙时，登山四望，桐君祠彩绘的雕梁耀着水色，古桐木船微挂白帆，直溯江天，风光旖旎。"峨眉一角"之赞，果名不虚传。

芦茨村在桐庐县附近，是钱塘江畔一个野趣天然、风光秀美，充满了浓浓田园风情的小村落。村子不大，景致却不少。白云源仙姿缥缈、云里人间淳朴清宁；芦茨湾波光潋滟、渔舟向晚；严子陵钓台有些古远，芳草斜阳中却氲着几分苍古的味道；日暮黄昏，炊烟盛，"三石一鸡"的香味更随着和风不断地远传……

龙门古镇据传是东吴之主孙权的故里，是江东孙氏一族世代生息繁衍之地，其历史悠久，传承古远，文化厚重，钟灵毓秀。漫步镇内，既能感受独具江南古韵的民俗风情，又能欣赏极富江东彪悍风情的粗犷民居；既能看到从明清历史中走出的佛塔、佛寺、祠堂、古居，又能采撷龙门山"天外银河一道斜，四山飞瀑尽鸣蛙"的纯美风景。踩着铺砌了千年的卵石古街，步入丰受堂墨庄，携一块古墨，禾锄而归，青灯下，书一卷丹青，更是一件极古雅的事。

秋云惊涛山水绿，六和影落潮声雄，桐君今日邀明月，他日瑶琳枕上清。爱上钱塘江，需要理由吗？不需要吧！流连江边，觅一场天青色的细雨；六和塔上，看一场大潮；桃花源里，赌一次相遇。或许，便是它真正的意义。

遇见·诗词里的远方

·钱塘观潮注意事项·

1. 钱塘大潮若遗世独立之神妃仙子，可远观不可亵玩，观潮时千万不要走上丁坝或下到河滩上。
2. 钱塘潮涌时，偶尔会发生暗涨潮的现象，需警惕。
3. 八月十八大潮时，万人空巷，人山人海，容易因拥挤造成踩踏，一定要保护好自己，并注意随身财物安全。

钱塘江暮色

洞庭湖 云转画屏漪青螺

Dongtinghu

望洞庭
唐·刘禹锡

湖光秋月两相和，潭面无风镜未磨。
遥望洞庭山水翠，白银盘里一青螺。

一转身，一辈子，一蓬烟雨，一首歌。时光的断片里，江天暮雪、渔歌晚棹、星星点点的灯火，映红的却是用生命沉淀的斑驳。袅着炊烟，"遥望洞庭山水翠"，一叶挺秀孤帆，湖光秋月相和，粼粼的水波，悠悠的岁月，雁鸣啁啾、汴河唱晚，闻名天下的，不只是那沉吟汨罗的屈子，还有白银盘里那眷眷的青螺。

铺尽星河云梦转，波上长回日月天。八百里洞庭，千百年来，一直都是历史镜框中的诗和远方。孟浩然赞它："气蒸云梦泽，波撼岳阳城"，气势磅礴无边，但是，其实这位于长江中游、荆江南岸的万顷碧波骨子里还是温柔的、缱绻的。它是中国第四大湖，楚文化的发祥地，孕育繁华无数，成就鱼米飘香，"洞庭熟，天下足"自来名不虚传。

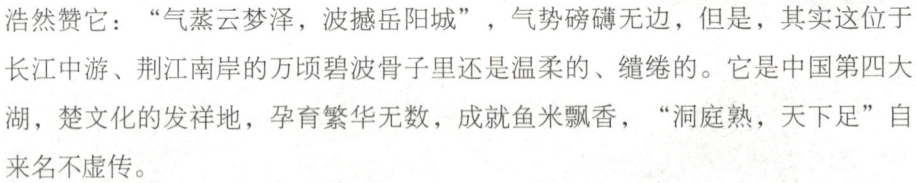

洞庭湖到底年华几何，我们不得而知；只知道，在春秋的笔墨里，"指洞庭之山以名"的洞庭湖便是极久远的存在。或许，它真的曾谒过神仙洞府，或许，黄帝对它而言都不过是过客，或许……

岁月的流岚不尽，洞庭的容颜不改，哪怕因为海陆变迁、围垦屯田等种种原因，旧日洞庭早被分割成东洞庭、南洞庭、西洞庭、大通湖、目平湖等诸多部分，但其古云梦泽的雍容、风华、大气、优雅却始终未减半分，甚至因岁月的沉淀、风雨的砥砺而愈发"朝晖夕阴，气象万千"。

傍晚，洞庭湖和美静谧，水波悠悠。一只正在捕鱼的鸬鹚，打破了湖面的宁静，收获大自然鲜美的馈赠。

秋月与暮雪齐飞，菡萏共晨夕一色

　　四季、四时、晴雪、晨昏，不同的背景下，洞庭湖展露的亦是截然相异的风情。

　　初晨，薄雾冥冥，碧青色的湖水不经意间便将一岸婀娜的柳卷成了翠色的裙摆，微红的阳光铺开一层又一层朦胧而柔静的涟漪，鹅黄的花，橙蓝的云，霞鬟山鬓，清美异常。午后，澄净的青空在温醇的艳阳下垂落成了湖光的倒影，汀兰芳草，白鹭翔飞，各种各样的色彩交织，斑斓如童话里的幻梦。日暮，柔静的水波将一天的盛荣都收敛成了宁静的淡金，苍青的扁舟，雪白的归帆，满载的渔人踏着渔歌悠悠把家还，渔村的绿树映着晚霞，远处暖暖的灯火、白白的炊烟、疏落的小径、长长的菊篱，和美而安闲。入夜，秋色将月华点染成一片银色的温婉，八百里烟波如镜，湖光潋滟月光，月光荡漾着湖光，远山黛翠，近水渔樵，长烟空净，浮光跃金，静影沉璧，风动花香散，舟楫拨钟晚，委实，情怀满满。

六月夏开，一池菡萏初绽，洲上微雨，湖上轻烟，荷花芳草垂杨渡，一袭红装向晚。泛舟洞庭，误入藕花深处，抬望眼，见粉蝶稍翻、锦鳞争跃，一色的水天，如梦的红翠，迷醉，迷醉！

夏转秋霜，婉转了残阳。天高云淡的日子，伫立洞庭边极目远望，半江瑟瑟半江红，苍凉中映着壮美。比之春花烂漫时，暖阳芳草、斜柳双燕、渔火扁舟的活泼清丽，亦不遑多让。

至秋霜零落、粉雪初扬，白茫茫一片素裹，望眼处千里银装，琼枝玉叶，银雪江天。汀上阁楼，南浦亭榭，潇湘绿水烟云，三江口长河滔滔，都拗成了最精致的转角。彼时，天地浑然，一片素白，江上画舟浮雪，暮色辗转晴烟，洞庭湖万顷妩媚，岳阳楼古雅深情。

江天衔远，楼上看青螺

洞庭天下水，岳阳天下楼。岳阳楼，是洞庭湖畔最雅秀恢宏的一道风景，也是洞庭湖最亮眼的一个地标。

始建于公元220年前后，数遭祝融之祸的岳阳楼，千年来，浮沉坎坷，却始终对洞庭湖一往情深。那飞扬的檐角、高啄的檐牙、朱漆的立柱、灿金的琉璃瓦、层叠交错的如意斗拱、独一无二的"将军冠"，那无缝的榫卯，那精致的花窗，那迂回的楼廊，那辉煌的椽梁，无一不流溢着深情婉转。

▶ 岳阳楼

或许，他生而便得性灵，一生都在将洞庭湖痴恋，所以，日日夜夜，朝朝暮暮，他都伫立在巴丘山畔高高的城墙上，看着她、守着她，陪她一起赏春花、看夏荷、聆秋风、摹冬雪。

这个世界上，再没有谁能比他更懂她了。由是，登临岳阳楼，所望的永远都是烟波连天暮、渔火贾客还、湖心生秋月、层涛熔万金的最美洞庭景致。然而，纵情深一往何如，襄王有心，神妃无梦，多少年了，洞庭的芳眸，凝注的，却从来都是君山的日暮。

君山，又名洞庭山、湘山，是洞庭湖上风光最明媚、闻名遐迩的一座小岛，尝以"奇、小、古、幽、巧"见盛，幅员约1平方千米，有5井4台、36亭、48庙、72峰，古迹处处，四时如画。刘禹锡"遥望洞庭山水翠，白银盘里一青螺"之"青螺"指的就是君山。

漫步君山，远迤洞庭，看白沙渔火、繁星白鹭、朝晖夕阴、云影春花、水天浩渺，恍惚之间，你我竟一同踏入了君山的梦境，那里，有着他和洞庭最动人最古老的回忆。黄昏残照，二妃墓前，折一段泪痕斑驳的湘妃竹；春雨霏霏，在"虾兵蟹将"的监视下，凭吊下柳毅井；彩霞弥天，同赴杨幺起义的水寨，敲响飞来钟；飞雪连竹，把臂同游秦始皇的封山印、汉武帝的射蛟台；倦了，累了，坐在翠盖如荫的小丘上，嗅着茶香，看层层铺叠如玉带迤逦远山的茶树漫卷向星辰万点……

君山的骨子里，徜徉的一直都是浪漫。大概，也正因为如此，在千年的爱情争夺战中，洞庭才会始终都舒蛾眉、挥广袖、笑语嫣然地站在他的身边、将他轻拥入怀吧。

汴河岁月长，湖畔巴陵殇

怀着满腔的不舍，挥挥手，作别君山，去洞庭湖畔寻寻古、探个芳，和汴河街聊聊天、到屈子祠瞻仰一番。

汴河街，是岳阳楼前一条用青石绵延了千年沧桑的古街，街道不长，街畔全都是仿明清风格的老屋、店铺，青瓦白墙，画栋雕梁，鳞次栉比间，摇曳着古色古香。

阳光温暖的午后，随便找一间茶馆，品着洞庭最有名的春茶，看门外人流如织、熙熙攘攘，眸光流转，竟颇觉岁月安闲。雪后新晴，皑皑的白雪覆压了街头八百岁高龄的紫薇树，站在悬了两串红灯笼的客栈外，心中不由便多了几许不一样的水墨情怀。夜色初临，到瞻岳门给岳阳楼画个剪影，待《隋唐英

跟着诗词去旅行

▶ 洞庭湖大桥

洞庭湖大桥位于烟波浩渺的洞庭湖与波涛汹涌的长江交汇处，大桥设计先进，造型美观，夜晚，景色更加迷人。

雄》开锣，一边吃着巴陵汤包，一边慢条斯理地往古戏台溜达，等到了，正赶上一出《秦叔宝卖马》，美滋滋地坐下，吹着凉风，再向洞庭湖借几许月色，悠悠然然，这种生活，怎一个惬意了得。

待借来的月色渐淡，小笼包也吃得差不多了，踏着阑珊的灯火，沿街徐行，不过五分钟，巴陵广场的身影便已赫然在目。

巴陵广场，濒洞庭湖，衔岳阳之尾，是岳阳最气派的城市广场，也是洞庭湖的地标之一。

广场绿树红花，翠木扶疏，清新雅洁。广场中央，有一尊后羿射巴蛇的巨型雕塑，古朴厚重，令人震撼。相传，当年巴蛇荼毒天下，后羿奉命伏妖，开弓射巨蛇，积蛇骨成丘陵，这就是巴陵。

巴陵广场上的后羿射巴蛇雕塑

146

Chapter 5 · 风月江天，浪漫诗卷缱绻 ·

传说不可考，可伫立在广场高9米的观景石阶上，遥望洞庭湖，思接千古，望不断的月色湖光中，那源自远古的生命壮歌却似还伴着琴台悠扬的琴声不断地回荡……

除了巴陵广场、汴河街，婉转着洞庭无边风月的青山、秀水、古迹、遗址还有许多，如城陵矶、擂鼓台、南湖、龟山、三眼桥、白鹤山等，若得相遇，千万莫要错过。

且就月色探青螺，白云沽酒岳阳歌。相约江南，原便是一种美好；邂逅洞庭，泛舟渔烟，唱一曲千年的恋歌，便更觉幸福满满。所以，还犹豫什么呢，来吧，把酒洞庭邀秋月，把汴河唱进歌中，将君山迤逦成诗，这才是人生最大的完满！

遇见 · 诗词里的远方

· 洞庭湖特产早知道 ·

邂逅一个地方，走走停停填满了记忆，最后，总要带回些什么留个念想。

洞庭湖的特产有许多，洞庭春茶、君山银针、洞庭银鱼、河蚌、黄鳝、洞庭蟹、沅江芦笋、罗汉竹、湘莲子等，不一而足。其中，尤以被誉为"茶中奇观"的君山银针、珍贵罕见的洞庭银鱼最值得购买。

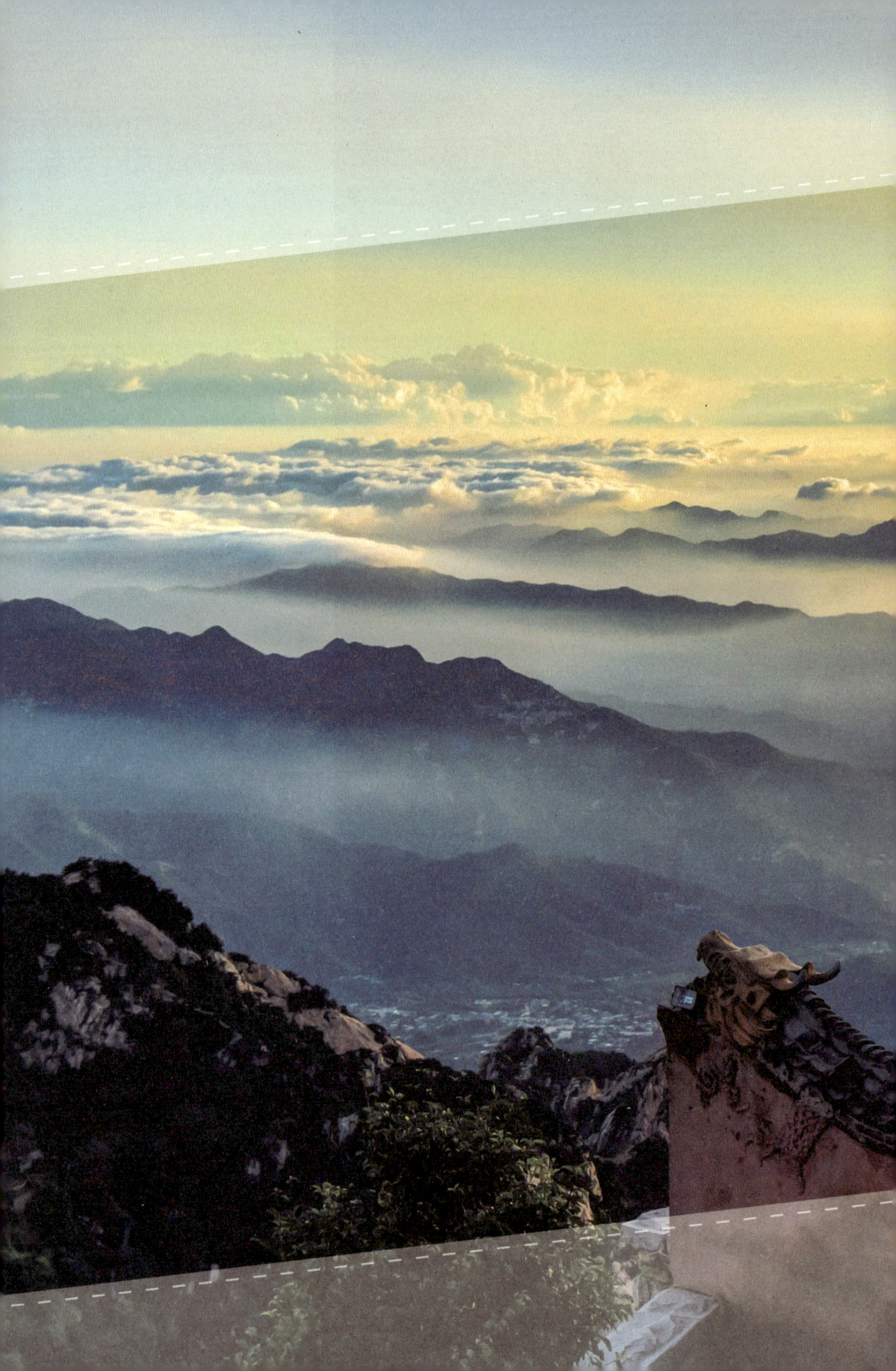

Chapter **6**

远山眉黛，流转岁月的柔情

▲ 泰山日出

泰山 巍巍中华魂

Taishan

望岳

唐·杜甫

岱宗夫如何，齐鲁青未了。
造化钟神秀，阴阳割昏晓。
荡胸生曾云，决眦入归鸟。
会当凌绝顶，一览众山小。

　　细雨垂落花前，满峪桃红翩翩，溯着杜甫流离在时光中的背影，仰首望南天，胧月轻霜连翠羽，岱宗的风华早衍。玉皇顶上，天街侧畔，"造化钟神秀"，茂木秋风缠结着未了的青。天外村里，灵岩寺前，"阴阳割昏晓"，黄河金带将荡胸的云迤逦漫卷。十八盘的青阶接连的或许不是天上宫阙，但烟岚尽处、凌绝之处，藤萝葛柏、

花石苍松，冥迷的却永远都是"一览众山小"的绝世豪情。借古句，问今朝，岱宗夫如何？答曰："雄极四海！"

泰山，古名岱山，又称岱宗，位于山东省中部。泰山是"五岳"之首，素有"中华国山""天下第一山"的美誉，在"中华十大名山"中排名第一。

壮丽巍峨的泰山

数亿年前，泰山在一场名为"泰山运动"的造山运动中形成。它东临波澜壮阔的大海，西靠源远流长的黄河，凌驾于齐鲁大地，屹立在东方。

东方是太阳升起的地方，中国古代文化认为，东方为万物交替、初春发生之地，因此，东方就成了生命之源，成了吉祥和生机的象征。泰山地处东方，故泰山有"五岳独尊""五岳之长"的美誉。因其气势磅礴，又有"天下第一山"之称。

泰山风景雄奇，翠绿的松柏遍布群山，更显其庄严、巍峨和葱郁；一条条清澈的溪流在山间穿梭流淌，又增添了几分缠绵与柔美。山峰与松柏被缥缈变幻的云雾笼罩起来，仿若仙境一般，神秘莫测。泰山那秀丽的丽区，使人感受到无限美好的风光；静谧的幽区，让人在气定神闲中体味山的幽静；开阔的旷区，使人置身其中，不禁心怀广阔；还有虚幻的妙区和深邃的奥区，"月出惊山鸟，时鸣春涧中"，让人心旷神怡。

登泰山必观日出，"旭日东升"的壮观景象最为动人心弦，是岱顶奇观之一。清晨第一缕曙光撕开天地之间的黑暗，一轮红日喷薄而出，瞬间为万物镀上了奇幻的色彩，令人叹为观止。泰山挺拔，高耸入云，于山顶之上观云雾缭绕，风云变幻，如海亦如幻的"云海玉盘"让无数人为之倾倒。"晚霞夕照"使层峦叠嶂的群山在巍峨雄奇之中平添了一份缠绵悱恻的温柔，夕阳为泰山镶上了一道金色的光环，时而闪烁着动人的光辉，真可谓"江山如此多娇"。

151

▲ 雾中泰山露峥嵘

除了这些梦幻般的自然奇景，泰山还有黑龙潭、天烛峰、桃花峪等十大自然景观，各种景色交相呼应，宛若一幅绝美的天然山水画卷。不仅如此，泰山的人文景观也是布局精巧，古韵悠长。其布局分为"地府""人间""天堂"三重空间，从泰城西南祭地的社首山、蒿里山一直到达玉皇顶。岱庙是山下泰城的主体建筑，坐落在泰城的中轴线上，它前通天街，后接盘道，形成山城一体的格局。由此开始一步一步登高远望，仿佛由人间步入仙界。

泰山风景区内，有山峰、崖岭、名洞、奇石、溪谷、瀑潭、古树名木、古遗址、古建筑、历代刻石、石窟造像等，数不胜数。其中大汶口遗址、灵岩寺、岱庙、千佛崖石窟造像、大观峰石刻等是国家重点文物保护单位。泰山风景以壮美名扬天下。蜿蜒曲折的山势，厚重坚实的形体，变幻莫测的云烟，苍劲的松柏和奇形怪状的巨石，使泰山在磅礴中透着绮丽，在肃穆中融合了神奇。泰山的石刻天下闻名，泰山现存有石刻千余处，这些石刻可以说都有着显赫的"身世"和悠长的历史。它们有的是帝王亲自题写，有的出自名流之手，大都制作精巧，书体高雅，文辞优美。这些石刻不仅是研究历史的重要资料，也是人们访古怡情的绝佳去处。

泰山与中国的历史文化

泰山不单单是一座雄浑壮丽的奇山，同时也是一座承载着千年历史文化的圣山。可以说泰山与中华民族的文明史是同步的，它见证了中华文明的千年历史文化，是一座被注入了文化的山。远古时期的神农氏、炎帝、黄帝、尧、舜、禹等，都以泰山作为祭祀天地之地，《史记》中就有很多君王封禅泰山的记载。在封建社会，作为天子的帝王被认为受命于天，而祭天就成了历朝历代最庄严、最神圣的仪式之一。帝王封禅多在泰山，因为泰山乃东岳，处于万物生发的东方，在人们心目中是最高大、最接近天的山。秦始皇一统六国，成为中国历史上第一个封建帝王，他即位后的第一件大事，就是在泰山封禅。雄才大略的汉武帝更是前后十次登泰山，六次封禅，把封禅作为治国安邦的头等大事。历史前进，岁月流逝，朝代更替，但各朝各代的帝王都曾以不同的形式在泰山举行祭祀仪式。它一方面表示帝王受命于天，对上天之庇佑表示答谢；另一方面又彰显了天下太平、盛世安康的国家状况。这一仪式的延续，使得泰山形成了世界上独一无二的帝王文化。

泰山不仅有着深深的文化底蕴，还有着"海纳百川"的广阔胸怀。道教是中华文化的根柢，泰山是道教的发祥地之一。佛教东来，泰山是最早接受佛教的名山之一。有人说儒、释、道三教，是中国人安身立命的三大精神支柱。那么可以说，在泰山，则是佛道同宫，儒释相依，"三教合一，合而不同"。

自然的泰山，彰显了大自然的鬼斧神工；文化的泰山，印证了中华民族的文明底蕴。泰山是中华大地上的一颗明珠，是中华儿女的精神家园。

❶ 泰山天街
❷ 泰山"五岳独尊"景观石
❸ 泰山姊妹松

华山 险字回时，岳上西楼

行经华阴
唐·崔颢

岧峣太华俯咸京，天外三峰削不成。
武帝祠前云欲散，仙人掌上雨初晴。
河山北枕秦关险，驿路西连汉畤平。
借问路旁名利客，何如此处学长生。

云海凝波，玉女弄箫花前，苍龙婉转了三峰的奇秀，百尺、千尺、高歌着重峦。有些时候，相逢并不是最倾城的开端，错身反而是一场缘。昔日，崔颢吟《行经华阴》，遥望"天外三峰"，坐看"武帝祠前"，仰首"仙人掌上"，顿生"此处学长生"之心，无奈错过，此后尽余生，诗人仰怀西岳之心始终不绝。或许，相遇未遇，方是真正的圆满吧，与其佛前叩首三千年，换今生一场重逢，倒不如，在回心石下、华山峰巅，盼一次擦肩。

华山，又名太山、太华山，为五岳之西岳，与东岳泰山并重，为"中华十大名山"之一。山势嶙峋，松环水啸，峪深桃红，巨石连云，藤幽树茂，峭壁嵯峨，蔚为壮观。千百年来，风霜晴雪，春夏秋冬，雨雾岚烟、云光水影的不断变幻，不仅成就了华山的苍古，亦成就了华山千姿百态的盛丽容颜。

据史载，位处陕西渭南华阴市境内的华山，原隶雍梁二州，新石器时期便有先民生息繁衍，相传轩辕黄帝曾于此与群仙会，秦始皇西巡亦祭于华山；道教全真派，自宋便以华山为圣地高庭、洞天道场；华夏民族初以倚"华山之周"而形成，并"就华山以定限，名其国土曰华……其后人迹所至，遍及九州，华之名始广"。

比之秀绝天下的黄山、雄极天下的泰岳，位处陕西渭南华阴市境内，南濒黄渭之磅礴，北接秦岭之优容的华山其实算不得倾城。在过去数不清的岁月里，这座南高北仰、峰峦纵列、有瀑有泉、有塬多滩的花岗石山，似乎把所有的眸光都投给了奇与险。

华山天下险，一险胜一险

华山多峰峦峭壁，重岩叠嶂，壁立千仞，千崖如削，向以奇险著称天下。

自古华山一条路，惊险处处，从不是妄言。

昔日，先人望华山而却步，千尺幢、百尺峡成了无数仰西岳风华之名士的梦魇；而今，往日的"华山一条路"——华山峪登山道却画风陡变，变成了愿以纯美付华年、冀留足印遍神州的你我说走就走路上的一场其乐无穷的探险。

华山峪是华山群峰畔风光最旖旎、景观最密集的一方峪谷。峪内道路宽窄不一、崎岖多弯，两侧峰峦竞秀、草木繁茂、林壑幽奇、溪泉流翠，芳菲四时独好。古人登山，便缘此峪而攀，曲折十数里，由玉泉院至青柯坪，北而南，扯藤萝，扶深树，一路迤逦，踩黄叶，踏碎石，历五里关、莎萝坪、毛女洞，移步换景，却也别见芳菲。尤其是在以一口甘芳清冽的玉泉而得名的玉泉院附近，有一棵陈抟道祖手植的无忧树。相传，立树下可无忧，有兴趣的话，一定要去看看。

▼险峻的华山

Chapter 6 · 远山眉黛，流转岁月的柔情 ·

转步青柯遍植、林荫蓊郁的青柯坪后，华山峪被留在身后，但登山峪道却仍蜿蜒着云天，探险之旅，不过刚刚开始。扶膝伫立坪畔回心石上，仰首东望，可见危崖兀立、峭壁凌云、千尺幢幢壁近乎垂直，唯一条不足一足宽、却达70度倾斜的石砌小道迤逦向上，似飞鸟难渡，惊心不已。胆子稍微小些的人，便再不敢前行，自然，也就错过了惊险之后的无数风景。

　　蹑手蹑脚、心惊胆战地过了被誉为"太华咽喉"的千尺幢后，原以为可以稍稍松一口气，却不想，华山天下险，一险胜一险，千尺幢后的百尺峡更是练胆。峡畔两崖高入重云的层层岩石，似受天工巨力而不断内推，似欲合二为一，唯一块上宽下窄的巨石横夹其间，撑开了一条小路。行人唯从石下穿过方能继续前行，可石头悬空，似摇摇欲坠，人行石下，那种窒息般的惊险，委实一言难喻。

◀ **华山云台峰**

北峰四面悬绝，上冠景云，下通地脉，巍然独秀。

历千磨百劫后，山道迤逦转平，抬望眼，可见碧树繁花、青葱翠羽，峰回而路转，远远地便能见到楼阁凌空、松环柏绕的群仙观。在观内稍做小憩后，折而向东，可见一方崖上石洞。洞外无怪石嶙峋，洞内有杂草丛生，貌似平平，却偏有一口黑色的大瓮突兀地置于其中，瓮大洞口数倍，瓮中还有一洞，洞中瓮，瓮中洞，层层悬套，堪为奇景。

洞中瓮畔不远，就是登山第三险，老君犁沟。

老君犁沟，是一段直通华山北峰的槽状山路，沟深不可测。相传，此地原无路，太上老君牵青牛犁石为沟，方有路。沟不甚长，却极难行，沟头更是悬崖峭立，凌空险绝，猢狲愁渡，一片奇险。过"猢狲愁"，踏着略显苍青的石阶，缓步可上华山北峰。探险之旅及此可告一段落。

海拔1600多米的北峰，又名云台峰。山势峥嵘，三面悬绝，上接天外三峰，下连危幢百尺，翠崖丹谷，清溪婉霞，峭氲藤萝，以数块嶙峋巨石拼接出了满峰的秀色婀娜，白云深岫间更有古迹、名胜无数，如杜怀谦隐居的长春石室，如依崖就势而建、屡经兴废、古朴优雅、供奉北方之神真武大帝的真武殿等。

北峰极巅有擦耳崖，曾为华山险道之一，现已拓宽。转过擦耳崖，爬天梯，过日月崖，循风声，漫溯至苍龙岭，可见苍黑色的石头若盘龙般蜿蜒成了一条凌绝的小路，路宽不盈尺，两壁无凭依，皆临千丈绝壑，仿佛悬在两片山峦之间的一条黑色的石索，人行其上，若凌空走钢丝，奇险无比，步步惊心。

Chapter 6 · 远山眉黛，流转岁月的柔情 ·

▲华山南峰

◀华山日出

华山四季景色多变，不同季节可欣赏到"云华山""雨华山""雾华山""雪华山"。华山日出常和山间瀑布、云海一同出现，美不胜收。

无怪昔年韩愈到此地，曾两股战战，投遗书而号啕求助。

壮着胆，一步一挪地挪过苍龙岭，循着无数情侣锁、平安锁穿缀而成的"绯云"，一路向上可达金锁关。关不雄阔，但极庄肃。相传，关为天人分野之处，过了金锁关，便会进入"神仙"居住的天外天。而自古华山一条路，至此，也算到了终点。毕竟，关外就是"神仙"的地盘了。

三峰外，白云边

雄关锁琼宇，天外三峰连，过金锁关，东、西、南三峰的秀色便也近在眼前。东峰，又名朝阳峰，峰顶平阔，居高临下，为华山观日之佳处。

夏秋多雨的季节，云雾奔涌，浩浩如海，东峰一主三仆四座峰峦隐约其间，忽隐忽现恍若仙境。待云开雾散，东方一抹暖暖的红蒸腾成满山赤焰，轰轰烈烈，直欲焚了这海、这天，瑰丽壮美，赫赫扬扬。只不过，烧到峰峦间那巨大的天然掌纹的时候，却赫然没了声息。

绕过仙掌，一路迤逦，杨公塔、甘露池、清虚洞、八景宫等一一过眼，唯下到下棋亭时，在"鹞子翻身"处又经了几番惊险。不过比之南峰长空栈道那折崖横隙、缘岩而凿，常直上直下，偶尔还要凭石桩三架椽方能迤逦前行的步步险绝，它总归还是要稍逊一筹的。

华山南峰，是华山最奇崛险秀的山峰，也是五岳最高峰，海拔2000多米，山映青苍，莽莽无绝。登临峰顶，遥望群峰如豆，俯瞰黄河熔金，抬手星子可及，移步白云绕踝，风光一时独好。

峰临南天门，南天门外，又一高台，三面临壑，传为黄帝会群仙之处，每年春夏之交，信徒以黄表祭天时总能引来无数燕子衔取，很是奇异。另外，峰上还有一汪黑龙潭，潭水颜色时而漆黑如炭染，时而又清澈净无瑕，很是神秘。

不同于南峰的神秘，峰巅有巨石如莲花绽放的西峰显得儒雅翩翩。

峰上，山连黛远，四野屏开，叠石小巧，飞瀑流泉，翠云宫、莲花洞、小苍龙岭、巨灵足、舍身崖皆蕴明秀。传为沉香劈山救母所留之斧劈石，更婉转着一派人伦深情。除此，峰上还遍布着数十、上百方摩崖石刻，隶草楷行，琳琅满目，翰墨气息极浓。

踏遍三峰，访遍芳华，若仍沉浸在探险的乐趣中无法自拔，放开脚步，放开心怀，到有着弄玉传说的中峰、雅趣天成的仙峪逛逛，或去沉淀了历史厚重的西岳庙、镇岳宫、都龙庙走走，都还不错。

遇见·诗词里的远方

·华山旅游注意事项·

1. 华山山路行难，许多地段都很险峻，如苍龙岭、长空栈道、千尺幢、百尺峡、"鹞子翻身"等，选择徒步登山览景的小伙伴们在登山的过程中一定要谨慎，集中注意力，不要和他人打闹，也不要只顾美美地自拍，要看路，毕竟，华山有的道路两侧虽有铁索、护栏，但并不太高。

2. 华山山顶与山下温差极大，注意保暖。

嵩山 五岳之宗，倾城绝艳

Songshan

洛桥晚望
唐·孟郊

天津桥下冰初结，洛阳陌上人行绝。
榆柳萧疏楼阁闲，月明直见嵩山雪。

斑斓的岁月，斑斓的弦歌，纵花雨听禅千年，少林的眼中，峻极峰的峰巅依旧月圆。晚望洛桥的孟郊，伴榆柳萧疏，邂逅了"月明直见嵩山雪"的无眠，于是，"陌上人行绝"反而成就了另一场唯美。却不知，待冰融雪化，被北风吹折的百草将春夏的雍容绽放，青空流转的白云将深秋婀娜，嵩山又该是何等的倾城绝艳。

嵩高唯岳，峻极于天。

嵩山，为众山之祖，五岳之宗，"中国十大名山"之一，位处河南省西部、登封市西北，濒汴洛，连黄河，曲溪环流，峻峰林立，宗群山之美，居天地之中，是为"中岳"。

40亿年，沧海桑田的转衍，既赋予了嵩山地质史上"五世同堂"的绝代风标，亦赋予了它源自元古、沉淀于太古的沉静雍容。岁月以亘古雕琢了它的眉眼，它则以一双用记忆拼成的眸见证了中华世世代代的繁衍与变迁，兴衰沉浮、王朝更替，不过转眼。

溯脉追源，曾盛荣于天下、灿烂了人类历史的许多华夏文明皆与嵩山结下过不解之缘。无论是道教、儒教还是佛教，虽以黄河交络了脉理，但根源依旧在嵩山。"天地之中"，流淌着时光刻痕的古迹名胜委实太多太多，譬如最古老的观星台——元代告成观星台，譬如最古老的塔——北魏嵩岳寺塔，譬如宋明理学的中心之一——嵩阳书院，譬如道教圣地之一——中岳庙，又譬如禅宗祖庭——少林寺！

禅宗祖庭，天下名刹：少林寺

嵩山有双岳，一曰"太室"，一曰"少室"，古刹少林便坐落在少室山北麓的五乳峰下。

少林寺，始建于北魏太和十九年（495），原是孝文帝为印度高僧跋陀敕建的庙宇，虽典雅幽静，但并不宏阔。北周武帝灭佛时，少林寺毁损严重，几不复旧观。及唐，少林十三棍僧襄助太宗有功，禅宗与少林一夕之间名扬天下，少林古寺也得以大规模重修扩建。自此之后，历经数代，虽颇有兴废，但少林也算盛荣不衰，时至今日，更成了中国在世界佛学界最亮眼的一张名片。

少溪水潺潺，蜿蜒千年，少林寺亦在溪边伫立了千年。

寺分七进，有亭台楼榭、僧舍殿宇无数，黛瓦红墙、飞檐翘角、花木四合，古雅中带着几分苍古的凝重：天王殿，彩绘金漆，天王怒目；大雄宝殿，重檐金柱，雕梁画栋，庄严肃穆；钟鼓二楼，晨昏鸣禅，地藏坐镇，巨鼓声传；藏经法堂，藏经万卷，书香漫卷；立雪亭畔，铁钟唱晚，静坐的"初祖"仍眷眷地凝视着昔日默玄的达摩洞；达摩洞顶，高12米的白玉达摩巨像静坐拈

▼ 少林寺内的中国传统建筑，雕梁画栋，古朴中带了几分苍古凝重。

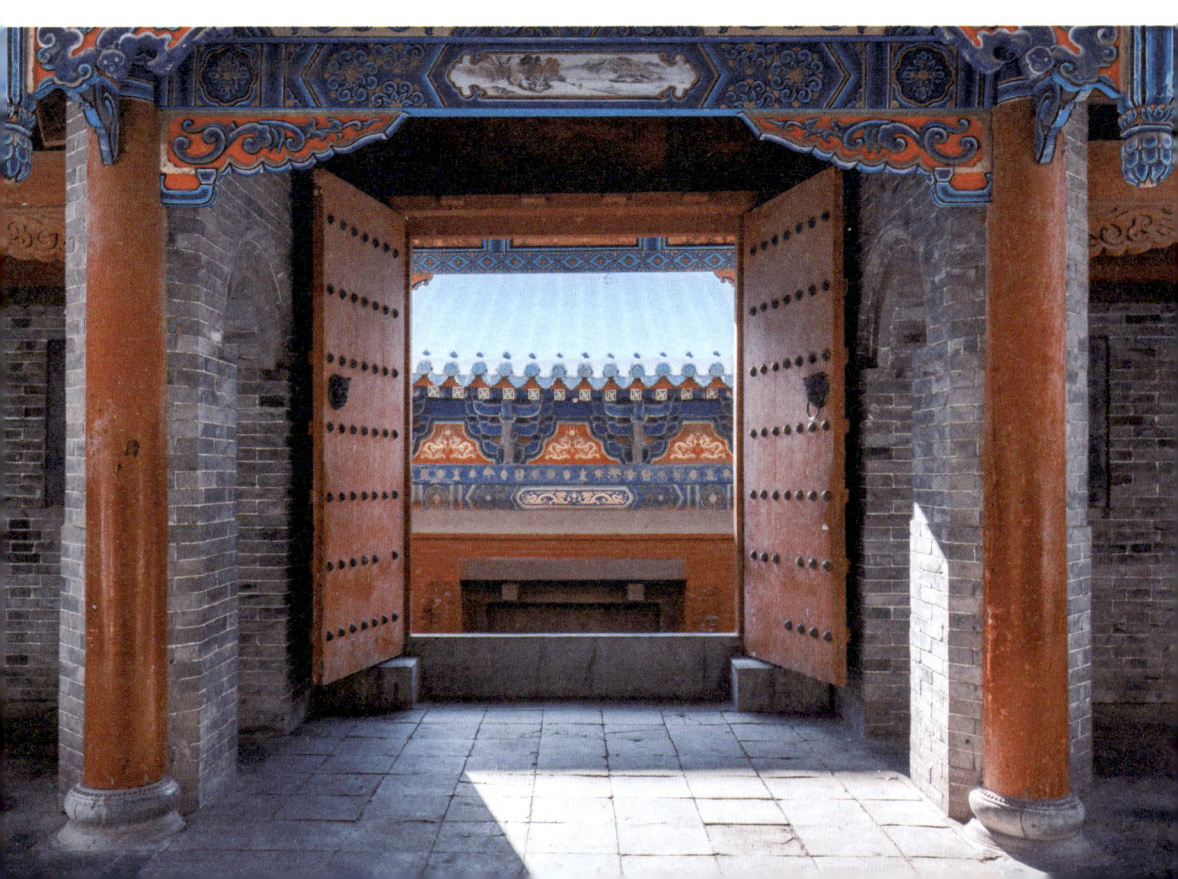

◀ 少林寺是中国功夫的发源地，因历代少林武僧潜心研创和发展的少林功夫而名扬天下，素有"天下功夫出少林，少林功夫甲天下"之说。

花，映着晚霞，话着沧桑；千佛殿内，《五百罗汉朝毗卢》的壁画映着微光，重彩平涂、朱黑相谐，35组图像，随时光流逝而色彩更异，美轮美奂。

朝阳芳草，映着迷离，转出千佛殿，一路向西，当一抹沉淀着静好的灰白晕染了蓝天，少林历代名僧安眠的塔林便已悠悠在目。佛教高僧圆寂后，以其生前功德、佛法造诣、威望为凭可立塔。塔分七层，一层一级，七级浮屠为至高荣耀。少林传承数千年，有过高僧无数，立冢之地自然汇塔成林。这些塔大小不一，有碑式、幢式、密檐式、亭阁式、楼阁式等不同的形式，风格截然，风光也迥异，其中尤以法玩禅师塔、照公塔、裕公塔最是闻名与净秀。

"卧似一张弓，站似一棵松，不动不摇坐如钟，走路一阵风，南拳和北腿，少林武当功。"到了少林，自然得看少林功夫！

人们都说，"天下武功出少林"，这话没错。少林72绝技，可不是说说而已。金钟罩、铁布衫、硬气功、少林拳、猴棍、五枪刺身、二指禅等果然是名不虚传。少室山下的少林武校里，常有少林功夫表演，来少林一趟一定要去看看，那场面震撼极了，就算看不出什么门道，跟着比画两下，也算圆了深藏在心底的武侠梦了。

以儒瞻理，峻极于天：嵩阳书院·峻极峰

梦在飞翔，飞向远方，怀着对少林十八般武艺的憧憬，缓步下少室山，心潮澎湃未平，双眸却早陷入了太室山的妖娆。

太室山，是嵩山双岳之一，36峰环翠，叠石峦壁丛簇如天上芙蓉，仙姿绝世。主峰峻极峰，峻极于天、凌霄氲秀、溪泉百流、峡壑花红、一派青葱。临峰远眺，可见群峰阵列、彩岭绵延、黄河金带、洛水流深，虽无泰岳之钟灵毓秀，却也颇有几分一览众山小的磅礴气度。

下峻极峰，迤花逦叶，观叠石，在一片山岚中发会儿呆之后，迈步嵩阳，是个绝妙的选择。

书院嵩阳景最清，石幢犹记故宫名。山色溪声留宿雨，菊香竹韵喜新晴。

嵩阳书院，就在峻极峰下，有院落五进，廊庑横斜，硬山滚脊，红墙灰瓦，朴拙淡雅，古色古香。作为中国四大书院之一，宋明理学的重要源流之地，嵩阳书院千百年来一直饱受儒家士子的青睐。范仲淹、司马光、程颐、程颢皆曾讲学于此。院内25座建筑，错落50余方碑碣，尽蕴古雅。两株将绵绵岁月画成4500道年轮的"将军柏"更以虬曲如巨伞、苍鹰般的枝冠，浓密苍绿的叶片抖落了满地的青苍，更抖落了无数源自往昔的鸿儒谈笑。

循着柏叶蜿蜒的方向，漫溯，漫溯。始建于北魏、被奉为中国最古老的砖塔建筑的嵩岳寺塔正站在历史的潮头，睥睨着老母洞袅袅的香火。有"中国古寺之始"之名的法王寺则倚靠松门，痴痴地守候着月架山头曾经照了无数古人、今人的明月。会善寺最沉静，青苔灰瓦，古佛明灯，始终默默地陪伴着"青梅竹马"的琉璃戒坛，启母阙风华当前，犹如未见，唯当中岳钟声响彻时，才会抬头看上一眼。

▼嵩阳书院

Chapter 6 · 远山眉黛，流转岁月的柔情。

崇圣慕化，揽古说今：中岳庙

　　中岳庙，位处太室山黄盖峰下，西邻望朝岭，面朝玉案山，红墙金瓦，飞甍连云，是河南规模最宏大、保存最完整的古建筑群，亦是道教全真派之胜境，七进十一层，亭台楼阁错落，恢宏有致。主殿峻极殿，面阔九间，进深五间，台阁凌霄、黄瓦映日、朱墙御香、重檐蕴彩，以层层斗拱叠垒而成的盘龙藻井更巧夺天工、名极一时。殿外峻极坊，九彩流丹，秀丽别样；坊外峻极门，高耸巍峨；其余铁人、神鼎、古柏、重楼、中华门、遥参亭等也都各有华彩、风姿可眷。

　　崇圣慕化千年，摘星揽月几端，中岳庙可驻，元代告成观星台亦风韵翩然。

　　观星台是嵩山八景之一，位处登封市告成镇，为中国最古老的天文台之一，世界文化遗产，为元代郭守敬创建。观星台台面方正，上连石圭，垂连表槽，状若覆斗，高约13米，内置"测影台"，旁有"量天尺"，粉墙照壁，院落玲珑。相传，昔年郭守敬便是以此台为准，观星十八年，而定《授时历》。

　　最美的时光，不是流年，是驻足；最美的风景，不在路边，在脚下。邂逅嵩山，或许品不到雪月风花的浪漫，但漫步峻极秀、清歌儒林雪、静聆禅上月、默观天上星、高颂《黄庭经》，却也妙趣天然、引人流连。所以，还等什么呢，来吧，毕竟，嵩山已翘首盼了你数年！

遇见·诗词里的远方

· 游嵩山，先"三不"，后"三要"·

　　三不：不要用"和尚""出家人"等词汇称呼庙里的僧众；不要随意乱碰、乱动道像、佛像；不要和方外之人谈些明显是忌讳的话题，比如和僧人谈婚姻。

　　三要：要尝尝登封烧饼、牛舌头锅盔、浆面条、芥丝等嵩山美食；要看看嵩山六最：少林寺、塔林、嵩岳寺塔、将军柏、古观星台、东汉三阙；要带些念想回去，可以是记忆中的美景，可以是照片，也可以是嵩山的一些特产，如少林素饼、冬凌草茶、中岳仙茶等。

冬季的峨眉山被白雪覆盖，雪松晶莹剔透，大殿与白雪交相呼应，构成一个童话般的银色世界。

峨眉山 秀色粉黛，仙人宿处

峨眉山月歌

唐·李白

峨眉山月半轮秋，影入平羌江水流。
夜发清溪向三峡，思君不见下渝州。

  每一个人，无论离或未离开故乡，心中，总难免有一丝乡情辗转。余光中的乡情是一张小小的船票；李白的乡情则是蜀地最明媚的一轮明月。"峨眉山月半轮秋，影入平羌江水流。夜发清溪向三峡，思君不见下渝州。"渝州路远，峰峦障月，岁月无情辗转，千年、万年，没了李白，以一泓月色卷了青天的峨眉山却仍黛眉含烟，带着山花瑶草间最深挚的相思与眷恋。

165

金顶是峨眉山的象征，这里山高云低，景色壮丽。

◀ 于峨眉山索道登高可观"云海"，随着风势，云层缥缈多变，神奇莫测。

青山若黛，秀水如眉，这便是人们对峨眉山的第一印象。得名峨眉，或许是因为它嶙峋的山峰酷似"蛾眉"。历数名山大川，峨眉山绝对首屈一指。苍翠的青山，缱绻的流云，不管是在山间行走，还是在寺院听禅，都是一种返璞归真的非凡体验。

晨钟暮鼓，清晨的峨眉山像一幅淡雅的水墨丹青。当朝阳如一枚金果般落入峨眉金顶的重重云海，层云尽染，细碎的阳光穿过云海，普照山间，驱散清晨的山岚。

报国寺的沉郁与辉煌

在峨眉山麓，晨钟伴着晨曦响起，这沉闷的钟声穿过清幽的空谷，穿过嶙崤的山林，点破了这幅丹青的宁静。雾霭散去，这钟声响起的地方，僧侣们又开始了一天的修行。

年轻的僧人缓慢地拉开沉重的红漆木门，山门上悬挂着巨幅的匾额，苍劲的手书——报国寺。让人不禁浮想，这僧人每日开启的不仅是报国寺的山门，更是写满沉郁与辉煌的报国寺那斑驳的历史。

新的一天就这样在晨钟的浸染中悄然开始了，熙熙攘攘的人群从四面八方纷至沓来。报国寺，几百年来日复一日地在峨眉山扮演着迎来送往的角色。

报国寺坐落于峨眉山麓的光明山下，是峨眉山的进山门户。寺庙于明万历年间建成，原名为"会宗堂"，用来供奉普贤菩萨、广成子、陆通，取意"儒、道、释"三教会宗。岁月的年轮匆匆碾过，精通佛学的康熙取佛经中"四恩四报"之一"报国主恩"之意，御赐寺名。"会宗堂"更名为"报国寺"。如今，报国寺在历史的尘埃中安静地伫立，"日出而作，日落而息"，享受着安然修行得来的平静。

历史的舞台已悄然落幕，我们终于走进了今天的报国寺。

报国寺历经两次扩建，已经是四层殿宇和亭台楼阁皆全的宏大寺庙。寺内殿宇轩昂，佛像异常璀璨。无论是弥勒殿还是大雄宝殿，无论是七佛殿还是普贤殿，再或者是藏经楼、吟翠楼、待月山房等，远远望去，从前至后逐级升高，布局井然有序。

七佛殿内安放着七座佛像，中间便是至尊——释迦牟尼。另外，寺内还有一尊罕见的瓷佛，2.4米高，身穿千叶莲衣，身形丰满，神情端庄。传说这尊佛像是明永乐十四年（1416）在江西景德镇烧制的，具有极其珍贵的历史价值。

元代书法家赵孟頫书《王右军兰亭序》便存放在这里的藏经楼中。据说，藏经楼里存放着大条幅的作品，其中不乏郑板桥、康有为、张大千、徐悲鸿等名家墨迹。似乎那些薄薄的尘埃下隐藏的是那些穿越时空，却依然鲜活的面孔。他们将艺术交付命运，寄灵魂于作品。

水天一色洗象池

从古至今，中国的文人墨客从未停止过对月亮的赞美。不管是出于顾影自怜的伤神，还是含沙射影的反抗，抑或悲天悯人的感慨，甚至是互诉衷肠的表达。这轮高悬于古老土地上的明月，承载了这个民族太多太多纷繁复杂的情

▶峨眉云海瞬息万变，时而平铺絮棉，时而波涛漫卷，时而簇拥如山，时而分割如窟。

感。虔诚地抬头仰望，让皎洁的月光洗涤胸中的浮躁，不失为峨眉观月的一种享受，这种享受便在洗象池。

池月共赏，却又各抒其情。明代诗人顾炎武婉约地吟唱出："洗象池边秋夜半，常留明月照寒林。"笃信佛法的诗人梁叔子，在诗中又是这么评价的："片石孤云窥色相，清池皓月照禅心。"

是的，禅心，在洗象池赏月，修炼的是一颗玲珑的禅心。

峨眉山洗象池位于峨眉山海拔2000多米之上，凌驾于钻天坡上，于清康熙年间建寺。洗象池起初被称为初喜亭，意思是说游人以为到此已登顶，心里甚是欢喜。传说，古时佛教始祖释迦牟尼的大弟子普贤菩萨骑象登山时，曾在寺前一方池中汲水洗象，因而得名。因为属高寒地带，雨雪较重，故而其殿矮小，且用铅皮盖房。

"象池夜月"是峨眉山醉人的十景之一。

入夜，每当云收雾敛，月朗中天，月光映入池中，水天一色。你坐在低矮的铅皮客寮的屋檐下，手托双腮、仰望天宇，像是回到纯真的孩童时代。月明星稀，坐在蒲团上打坐参禅，此刻，不失为一种境界。

如果遇上新月当空，月光虽然暗淡，却是另一番美景。从舍身崖下随着气流鱼贯而出、徐徐升起的"圣灯"是一种让人叹为观止的绿色光团。星星点点、闪闪烁烁，百点、千点、万点……洒满了洗象池周围的山山岭岭，仿佛天上的繁星和地上的圣灯连成一片，让人不禁吟叹："此景只应天上有，人间哪得几回睹。"

"秦时明月汉时关"，长城的月夜承载着征战的凄凉和壮美；"二十四桥明月夜，玉人何处教吹箫"，苏扬的月，伴着盈盈歌女的歌舞升平，袒露的是纸醉金迷的奢华；"烟笼寒水月笼沙"，秦淮河的月夜就像是江南女子皎洁的面容，小家碧玉。但是峨眉的月，似乎是受了普贤菩萨的点化，沾染了佛性，赐予观者的，是更多的平静和淡然。淡然入世，安然处事。赏月也是一种修

行，修炼成一种境界，这种境界叫慧眼禅心。

峨眉金顶上的虔诚

黄卷青灯，美人迟暮，千古一辙。

山路的两旁，是盛放的杜鹃花，海拔3000多米的高山，依然有鲜艳的花朵灿烂地开放，它们就像是一张张明媚的笑脸，鼓励着这些历尽千辛虔诚登顶的行人。

顶礼膜拜，似乎这个世界上再没有比信仰更让人执着的东西了。快到金顶的时候，隐约看到前面石阶上有一起一伏的身影，心中暗暗疑惑。拾级而上，赫然看到一个身穿僧袍的僧人，三步一叩，缓慢地向金顶行进。这是金顶的朝圣者，他只是络绎不绝的虔诚的朝圣者中的一个。僧人中等身材，黝黑的皮肤，身上破旧的僧衣上结着大块大块的补丁，背上背着大大的包裹，露出斗笠和崭新的僧鞋，这样崭新的僧鞋，一路上不知穿坏了多少双。他轻轻叩首，仿佛整个峨眉金顶都随同这个动作微微地震动，抬起头，额头中央赫然是厚厚的老茧，这老茧厚一层，虔诚就增一分。

峨眉金顶是第二高峰，海拔3079米。相传，金顶最早的建筑建于东汉，名为普光殿。唐宋时期，此殿更名为光相寺。而金顶殿，本是修于明万历年间的铜殿，万历皇帝朱翊钧曾为此题名——永明华藏寺。当朝阳照射山顶，金殿便迎来金光闪耀，炫丽异常，壮观之至。

金顶十方普贤金像和
白象驮如意

金顶高出云端，站在山顶，极目远眺，感觉胸襟无限开阔。若是晴日，仰望悠悠蓝天，脚下白云皑皑，俯视千里田园，仿佛在3000多米的高度也可以闻到山下甜甜的稻香。岷江、青衣江如丝带萦绕，缠在自己的脚踝，像是蒸腾缭绕的雾霭。

眺望巍峨的雪山，心中浮想无数个关于雪山的传说，传说中每个雪山都是一个威武的山神，这些山神日日夜夜注视着峨眉金顶，时时刻刻感受着普贤菩萨的感化。

峨眉的佛光，是峨眉一绝，佛光在佛教界称为"随缘应化"。每当雨雪初霁、太阳西照、流云缱绻，太阳的余晖斜射在舍身崖下的云朵之上，你会看到一个红色在外、紫色在内、中心部分发亮的彩色光环。你的人影映入光环之中，身影分明，人动影随。

本想转身离开金顶，却回身叩首。向恢宏的四面十方佛叩首，向金碧辉煌的金顶叩首，向巍峨的雪山叩首，向瑰丽的日出云海叩首，向虔诚叩首。

"大行普贤，愿行广大。"峨眉具有一种能量，这能量源于佛，它牵着信仰，引着虔诚，更引着无数朝拜者络绎不绝的脚步。

▲ 黄山奇松

黄山 立于云天之间

Huangshan

夜泊黄山闻殷十四吴吟

唐·李白

昨夜谁为吴会吟，风生万壑振空林。
龙惊不敢水中卧，猿啸时闻岩下音。
我宿黄山碧溪月，听之却罢松间琴。
朝来果是沧洲逸，酤酒醍盘饭霜栗。
半酣更发江海声，客愁顿向杯中失。

十六岁那年，云海激滟了奇松，一张来自黄山的信笺，拨动了无数人心中说走就走的琴弦。千年前，李白在风生万壑时，掬住了那一捧最宁远的碧溪月影、那一段最清幽的松间琴声。由是，长风几万里，江海为吴吟，千年后的你我，突然就有了迎客松下谈怪石、光明顶上泡温泉的冲动。黄山天下奇，最奇之处，大抵如是。

这是一座闻名全国的奇山，两亿年的漫漫时光雕琢了这座神奇大山不凡的神韵。谜一般的前世今生，赋予了它卓然超群的气势和风骨。奇松、怪石、瀑布、云海，它天生卓越的美貌和瞬息万变的气质，吸引了无数迁客骚人为它盛赞。

　　俗话说："五岳归来不看山，黄山归来不看岳。"黄山的神奇秀丽在许多人的口耳相传中已经蒙上了神秘的色彩。黄山位于安徽省黄山市境内，素来有"天下第一奇山"之美称，是"三山五岳"中"三山"之一，其奇松、怪石、云海、温泉更是成为黄山"四绝"。

　　说起黄山命名的由来，这座山在古时称为"黟山"，唐天宝六载（747），唐明皇根据轩辕黄帝曾在此"煮石炼丹、羽化成仙"的传说，才改名为黄山，即"黄帝之山"。也因为这个原因，黄山自古就是道教名山，遗迹众多。山中以道教命名的名胜有朱砂峰、炼丹峰、天都峰、轩辕峰、仙人峰、丹井、仙人晒靴石、仙女绣花石等。黄山中有名可数的72峰，布局错落有致，天然巧成，其中，天都峰、莲花峰、光明顶为其三大主峰，海拔高度皆在1800米以上。

黄山四绝

　　在中国，具有气势的大山才能称之为"岳"，中国有"五岳"之说，而黄

黄山冬景

山却能集五岳的雄伟、险峻、烟云、飞瀑、峭石和清阳于一身，展现出它卓然的风姿。从古至今，无数诗词歌赋的记载都没有停止过对它的偏爱，"黄山之奇，信在诸峰；诸峰之奇，信在松石；松石之奇，信在拙古；云雾之奇，信在铺海"。走进这座神秘的大山，横空峰峦、浩渺云烟、奔泻飞瀑、嶙峋巧石、奇特青松，无不展现着黄山的壮美风姿。

奇松。松是黄山最奇特的景观，百年以上的黄山松数以万计，它们大多生长在岩石缝隙中，盘根错节，傲然挺立，显示出极顽强的生命力。松不只为黄山披上了绿裳，还为黄山增加了一份灵动。最著名的黄山十大名松就有：迎客松、望客松、送客松、探海松、蒲团松、黑虎松、卧龙松、麒麟松和连理松。玉屏峰东侧的迎客松更是成为黄山的象征，年年岁岁迎接着来自五湖四海的游客们。

怪石。黄山的怪石以奇取胜，以多著称。处处可以看到险峰林立，危崖突兀，山顶、山腰和山谷等处广泛分布着花岗岩石林和石柱，巧石怪岩犹如神工天成，似人似物，似鸟似兽，情态各异，构成了一幅幅绝妙的天然山石画卷。其中有名可数的就有一百二十多处，著名的有"松鼠跳天都""猴子望太平"等。

云海。许多从黄山归来的游客都会对黄山的云海赞不绝口。"自古黄山云成海"，黄山是云雾之乡，以峰为体，以云为衣，其瑰丽多姿的"云海"以美、胜、奇、幻享誉古今。如果你是在雨雪后初晴时登上黄山，或者是日出或日落时站在黄山顶上，你看到的"霞海"就是最为壮观的。怪石、奇松、峰林飘浮在云海中，忽隐忽现，置身其中，就犹如进入一个梦幻境地，飘飘欲仙，可以领略"海到尽头天是岸，山登绝顶我为峰"的境界。

温泉。黄山的"四绝"中还有一绝就是温泉，黄山温泉，古称"灵泉""汤泉""朱砂泉"，它由紫云峰下喷涌而出，和桃花峰隔溪相望，传说轩辕黄帝就是在此沐浴七七四十九日羽化升天的。当然，那只是传说，但黄山的温泉中含有多种对人体有益的微量元素，水质纯正，温度适宜，可饮可浴。

黄山的松、石、云
黄山松自古以来就闻名于世。而那云雾笼罩中的青翠景象，更是如诗如画。

天都之恋：无限风光在险峰

　　天都峰位于玉屏楼景区，可从山下乘玉屏索道至玉屏楼。闻名遐迩的迎客松就站立在玉屏楼一旁，伸展枝叶，热情欢迎纷至沓来的游客。天都峰位于玉屏楼南，在黄山三大主峰中最为奇险，风景也最为壮观。

　　从玉屏楼登天都，需要先下行一段，途经蓬莱三岛观景平台。所谓"蓬莱三岛"，即三座参差不齐的小山峰，如剑如戟，直插入云。这里海拔接近1600米，山间时常云雾缭绕，三座山峰在云雾中幻若蓬莱，因此得名。

　　从天都峰脚至峰顶的爬山路径既高又陡，有的地方几乎直上直下，远看如一架云梯攀上云端，俗称"天梯"。因为石级太陡，沿途装有石柱铁索，游人手脚并用，拾级而上，状若登天。天梯虽险，但比起"鲫鱼背"，则是小巫见大巫了。"鲫鱼背"实则为一块大石，狭长而高，两侧是万丈深渊，中间最窄处仅容一人通过。在云海之中，大石中间隆起的地方如露出水面的鱼脊，故称"鲫鱼背"。虽说两旁有石柱和铁索保护，但要通过这万丈深渊之间宽仅1米的小路，着实令人胆寒。两旁云遮雾绕，深不见底，面前松风猎猎，吹动衣襟，游人走过这段路时都禁不住战战兢兢，手脚哆嗦。不过通过之后，则是另一番心境了。

　　征服天险登临山顶的那一刻，黄山雄奇的画卷骤然展开，心底荡漾的层云突然消散，与眼前这绮丽的画卷相比，来路上的艰难又算得了什么呢？放眼远眺，大大小小的山峰在云雾中若隐若现，有的似身材曼妙的少女，有的像含羞绽放的花朵，还有的则冷峻傲岸如刀如剑，千峰竞秀，蔚为大观！烟云乍起时，游人披霞驭风，如入仙境；天高云淡时，松姿弄巧，巨石献奇。站在这高山之巅，不见飞鸟，不闻水声，耳边风声飒飒，眼前群峰环伺，这才是山高人为峰的境界！

不到光明顶，不见黄山景

　　玉屏楼被称为前山，北海就是人们通常所说的后山。来这里主要是欣赏黄

▲ 黄山险峰

▶ 黄山山峰壁立，似刀砍斧削。

山的奇峰怪石的。景区里以峰为主体，汇集了石、松、坞、台、云等奇景，总能让你惊叹不已。主要景观有光明顶、飞来石、排云亭、狮子峰、清凉台、散花坞、梦笔生花、始信峰等。

　　说起光明顶，很多人自然就会联想到武侠小说《倚天屠龙记》中六大门派决战光明顶。然而，金大侠设计的光明顶在昆仑山，而不是黄山，至于昆仑山是否有另外一个光明顶还有待考证。

　　黄山光明顶海拔1800多米，是黄山第二高峰，因为其顶部高旷而平坦，日光充足，所以名为光明顶。明代普门和尚曾在光明顶上建大悲院，现在其遗址上建有黄山气象站。

　　光明顶上的日出日落历来被游客推崇备至，要想有个好的观景位置需赶早

黄山日出

去等候。在这里，红日、霞光、云雾、群峰共同挥笔，画就一番绮丽风光，变幻无穷，美不胜收，语言不能言其一二。

光明顶的西北方，有一突兀巨石，石高有12米，重有数百吨，名曰"飞来石"。1983年拍摄电视剧《红楼梦》时曾在此取景，伴随着委婉缠绵的红楼序曲，飞来石走进了全国观众的视野。

排云亭位于飞来石以北，是西海观赏黄山巧石最理想的地方，所以有"巧石陈列馆"之称。左侧不远处的巧石，恰似一只靴子倒置于悬岩之上，故名"仙人晒靴"；右侧沟壑中竖立着一根石柱，有两块巧石，恰似两只古代仕女穿的绣花鞋。其他巧石还有"天女绣花""天女弹琴""天狗听琴""仙人踩高跷""武松打虎"等。游客们可以尽情发挥想象，感受大自然的神奇！

遇见·诗词里的远方

·温馨提示·

1. 为保护黄山生态，天都峰与莲花峰轮流对游客开放，4年轮换一次。
2. 黄山景区范围大，提倡集体团队旅游，个人自助游览最好结伴而行。未开发的景区，切不可随便进入，以免迷失方向。

庐山 云锁高峰水自流

题西林壁
北宋·苏轼

横看成岭侧成峰，远近高低各不同。
不识庐山真面目，只缘身在此山中。

当繁星垂落了美庐，锦绣叠成了群峰，三宝树下说起了西林壁，"横看成岭侧成峰，远近高低各不同"的庐山突然就成了人生画册中最多彩的那道剪影，挥不去、抹不掉、理不清、望不断。于是，虽然明知"不识庐山真面目"，却还是毅然决然地身入了此山中。原以为，一切都不过是东坡善意的欺骗，却不想，却相遇了一处云锁高峰水自流的烂漫桃花源。

传说古时，有位叫匡俗的先生在此结庐隐居，得道后羽化成仙，他所居之庐幻化成山，因此这座山被称为"庐山"或"匡庐山"。庐山自古便以雄、奇、险、秀闻名于世，巍峨挺拔的峰峦、泄玉喷雪的飞瀑、瞬息万变的云海造就了"匡庐奇秀甲天下"。

庐山拥有绝世美景，这是世人所共知的。它挺立于长江的南岸，位于鄱阳湖之畔，上接冥冥苍茫，下临九派山河，不论是晴天还是雨天，不论是冬季还是夏季，在重山叠嶂之中，总是缭绕着磅礴的云雾，山水的气魄全部包含其中。庐山，海拔1400多米，由成千上万的叠砂页岩构成，忽然在中部断裂，仿佛一道坚固的城垒，四壁陡峭而艰险，绝壁处瀑布飞泻，异常壮观。而在这奇石间，却又植被茂盛，冬有温泉，夏有凉意，宛如一处神仙居所。

不止如此，庐山更是一座聚集了中国文化的名山。从"三皇五帝"时期的大禹登庐山开始，历代以来到庐山探索攀登的文人墨客、名士高僧数不胜数。所谓"名山发佳兴"，在那漫漫的历史长河当中，关于庐山的诗词书画不胜枚举，关于庐山的传说也广为传诵。除此之外，庐山的白鹿洞书院以它对程朱理学的文化传承，影响了中国的历史；庐山的东林寺，乃是佛教"净土宗"的最早发祥地……而其他宗教如基督教、天主教等外来宗教，都选择在此栖居，形成了"一山五教"的鼎立局面。此外，庐山的石刻、建筑更是多得数不胜数。

西线：探寻历史的痕迹

进入庐山景区，沿着大林路一直步行，很快便会到达花径。相传花径是白居易到庐山游览时，有感于山下桃花已谢，而山上桃花仍然盛开，于是题咏《大林寺桃花》的地方，所以花径又被称为"白司马花径"。

穿过花径、锦绣谷向南，便是庐山的必游地之一——仙人洞了。在佛手岩的遮盖下，一个巨洞敞开着，传说"八仙"中的吕洞宾便是在此地成仙。天晴之时，其实仙人洞并无什么奇异之处，奇就奇在阴雨密布、云雾缭绕之时，洞中仿佛立即有了"仙气"，竟会有丝丝寒凉之感。怪不得毛泽东会咏叹说："天生一个仙人洞，无限风光在险峰。"使得庐山仙人洞变得人人皆知。

仙人洞向南，穿过电站大坝前往乌龙潭，经过黄龙寺，沿着芦林大桥边的小路穿行，便会感受到庐山的古木之美。这是一条静谧的小路，行走在其内，仿佛周围除了古树再无其他，阳光只能透过密布的树叶缝隙隐隐渗透，如同置身于原始森林中一般，而不必担忧野兽的困扰。再往前不远，便到达西线最美的芦林湖了。群山环抱的芦林湖，

▲ 庐山松

庐山松坚韧不拔，傲然耸立，因漫长岁月的磨炼，而更加挺拔苍劲。

◀ 庐山芦林湖

湖水似发光的碧玉镶嵌在林荫秀谷之中，在缥缈的云烟衬托下，秀丽多姿。

天生一幅娇艳的面孔，曾经是芦苇丛生、野兽出没的洼地，如今已经被改建为人工湖，成为芦林桥边最美的景致，它所积蓄的湖水，是庐山牯岭镇居民的饮用水来源。

东线：不识庐山真面目

沿着庐山植物园后的沥青路一直走，便会到达含鄱口。站在含鄱亭上，能够看到五老峰和汉阳峰，天气晴朗之时，更能够望到远方的鄱阳湖。含鄱口在平时并没有什么出奇之处，然而在清晨日出与黄昏日落之时，这里却是庐山观日的绝佳之地。清晨之时，鄱阳湖上呈现出一派迷蒙气象，天水不

181

◀ 庐山龙首崖

分,当一轮火红的鲜日涌现而出,照射在鄱阳湖面,顿时金光闪闪,道道射向天空,一瞬间,天、湖都变得赤色如丹,将半壁江山染成了鲜艳的赤红色,宛如一幅美妙而壮丽的画卷。日落之时是另一种美的享受,西方山峰之间,云雾迷茫,落日颤颤巍巍地向下掉去,一幅雄伟壮观的山色图便被浓妆艳抹起来,苍茫之间,给人留下一幅绝笔图。庐山的日出日落,永远是那么迷人,让人感受到大自然的出神入化,每次都会有震撼的感觉,每次都让人期待无比。

含鄱口正西,是庐山五老峰,五老峰的美,蕴含着庐山的真谛,甚至比庐山最高峰汉阳峰更为美妙,这一切都得益于它巧妙的结构和地理位置,五老峰为五个并列的山峰,因远远望去好像五位老者而得名,根部与鄱阳湖相连。鄱阳湖的水雾自东而来,遇到五老峰的阻隔,向上蒸腾,想要漫山峰而过,却停留在山脊之中。人走在五老峰的山脊之处,就会感到如在云中行走,漫步云端,水汽若隐若现,茫然四顾,恍然如梦。云雾中的山峰,秀美而又神秘万分,令人有在仙境畅游的感觉。宋代苏轼大概正是因为这令人惊叹的云雾,才感叹"不识庐山真面目,只缘身在此山中"吧。漫步在山道上,云雾随手可触,随意变幻着姿态,有时分散成小雪团,有时变作棉花状,似乎一个不小心,就要乘着云、驾着雾飞下山去一般。

五老峰北部偏东,便是庐山最著名的景点三叠泉了。瀑水经过山间的三级峭壁,分三层飞泻而下,所以被称为三叠泉。三叠泉的落差共有155米,壮观之至,动人心弦,正是"上级如飘雪拖练,中级如碎玉摧冰,下级如玉龙走潭"。人们常见的飞瀑,不过只是一叠而已,如今三叠,胜上加胜。然而这样的景象,却隐藏在深山之中,令人难以发现,就算是曾在此处逗留许久的李白、朱熹等人都未能发现它,直到南宋绍熙二年(1191)才被揭开那羞涩的面纱,呈现在人们眼前。正因如此,人们才说"匡庐瀑布,首推三叠",又有

"不到三叠泉，不算'庐山客'"的说法。每到暮春、初夏多雨的时节，三叠泉更是如狂怒的暴龙一般，凌空而下，惊天动地，令人叹为观止。

雪中才见真庐山

庐山自古便有"匡庐奇秀甲天下"的美称，庐山的奇秀，不仅在于云雾缭绕的五老峰、飞瀑溅射的三叠泉，还有那冬日的雪中庐山。

人人都只道庐山的春、夏、秋，却不常提及庐山的冬韵之美。在初冬之际，瑞雪骤停，踏上这白茫茫的高山，便会真正感受到那如梦幻般的美景。冬日的庐山，不论是清晨还是傍晚，不论是正午还是夜晚，无不让人感到清新与美妙，纵使行进在山脚，即使一个在平日普通至极的景物，都会展现出它玉锁冰封的另一番面容来。

千古庐山，就是这样任性而骄傲。游庐山，不仅可以饱览庐山的无限风光，更能够在那里找寻到中国传统文化的精华。庐山的美景，赋予了庐山绝世的外表；而庐山的文化，却令庐山拥有了不朽的灵魂。

▼ 雪覆含鄱口

专题

文中饕影：就一盘诗菜，尽酌百味

青青翠色入壶中，山盘水碟放未空。

人生难得佳趣两，半入行囊半味中。

潋滟了双眸的美景固然不可擦肩，迷醉了舌尖的美食同样不容辜负。

美食万千何处寻？

跋山涉水？走街串户？网上搜索？

都可以，都是正解。

不过，或许亲爱的你还不知道，其实，遇一阕宋词、捧一首唐诗，一眼千年，觅遍四海，才是与美食最优雅的相遇方式。

水暖鲈蟹鲜，陆清麂兔肥

"秋风起兮木叶飞，吴江水兮鲈正肥。三千里兮家未归，恨难禁兮仰天悲。"每一种美味，都是人间一种清欢，但因一道美味，而决定辞官三千里，卷襟归故乡的，怕也只有西晋文学家张翰一人了，而让他恋得发狂的美味，叫鲈鱼。

鲈鱼，肉质极细腻，入口有弹性，软而鲜，为东南佳肴。黄海、渤海、东海海域和部分江河中都有鲈鱼繁衍，其中，又以松江四鳃鲈鱼最是鲜美。

品过鲈鱼，唇齿间尚有浓香流溢，竹外三两枝初绽的桃花却送来了盛宴的请柬，"蒌蒿满地芦芽短，正是河豚欲上时"啊。

河豚，又名"气泡鱼""乖鱼"，乃水中之奇味，性温，味甘，有补虚去湿之效。河豚肉，纯白若霜，嫩滑爽口，入口软腻而腴美，营养也极丰富，曾有人以"不

食河豚，不识鱼味"盛赞于它。不过，河豚的肝脏、血液中均含剧毒，处理不好容易中毒，所以，它也算是最致命的美味了。

心有惴惴地品过河豚，美味徜徉舌尖，不经意，便已入秋，又是一年蟹黄时。

宋代诗人徐似道有诗云："不到庐山辜负目，不食螃蟹辜负腹。"螃蟹，有河中蟹，有海中蟹，无论河海，皆美味。金色的蟹黄流淌在舌尖时，幸福指数绝对得爆表。

国内吃蟹，最有名的自然是阳澄湖大闸蟹。江南人即便饕餮，也饕餮得优雅。吃蟹也得备个"蟹八件"，固然烦琐，但那种感觉真的不一样。另外，澳门百老汇的花甲蟹煲，太湖、洞庭湖、鄱阳湖、东平湖的大闸蟹，青海海西的高原大闸蟹，也都还不错。

除了螃蟹，江河湖海中的美味……啥？等等，你说不想再吃水里的了，要岸上的？可以，没问题。

那就说说猪肉，或者说是东坡肉。

"净洗铛，少著水，柴头罨烟焰不起。待他自熟莫催他，火候足时他自美。"

东坡对猪肉向来情有独钟，国内以猪肉为主材的佳肴名品亦不知凡几，最盛者，却是东坡肉。东坡肉皮薄肉嫩，色泽红艳，细腻莹润，入口酥酥的、烂烂的，但很香、很糯，一点都不腻口，没吃过绝对是种遗憾。

韭黄淡香笋

食之道，有荤素，荤素相谐，肉蔬得宜，才是养生之理。这一点，不独今人明白，古人也懂。

漫溯诗歌，一眼千年，看遍古人的餐桌，各种各样的蔬菜琳琅不断，其中，最精致、最风雅的要数笋。

笋，是竹之嫩芽，质脆嫩爽，味道可口，可炒，可拌。有竹的地方便有笋，其中，南地食笋最盛。笋有芦笋、冬笋、春笋之分，芦笋青绿爽口，冬笋味中正但不算鲜嫩，春笋则最嫩、最脆、最清鲜。

雅蔬虽雅，但总难免给人距离感，真正能让人感受到家的味道的其实还是一些家常的菜蔬，比如韭菜。

"夜雨剪春韭，新炊间黄粱。"韭菜，其实最能勾起人内心的悲欢。风雨夜，一盘炒韭菜，一碗白米饭，对颠沛了半生的杜甫而言，就已是莫大的幸福。青青的、长长的、纤中带着淡淡韭香的韭菜在古人的饭桌上也是出镜率最高的。尤其是新津色泽淡黄的黄韭，更不知曾经征服了多少人的味蕾。

糕里深情酪里爱，荔枝樱桃最情浓

不一样的人生，不一样的味道；不一样的食材，不一样的悲欢。美味有千般，诗词便有万首，淡淡的墨香里，更有浓浓的食香不散。

荤素道罢，自然还得说说水果和糕点。

古时，人们能吃到的水果其实也有很多。"纤手破新橙"的橙子，"一树樱桃带红雨"的樱桃，"流酸溅牙齿"的梅子，"次第新"的卢橘和杨梅，"杨晖发藻，九彩杂糅，蓝皮蜜里，素肥丹瓤"的西瓜，等等。但是，最为人所津津乐道的却还是荔枝。

荔枝，古时仅生岭南、巴中，为南国珍品，果肉莹白如凝脂，细腻滑嫩，一口咬下汁水四溢，能甜进人心里。荔枝之闻名，因"一骑红尘妃子笑"的杜牧，因苏轼"日啖荔枝三百颗，不辞长作岭南人"，在饕餮界名声大噪。

啖一颗荔枝，甘甜满满时错步，满目的糕点，自令人垂涎。"小饼如嚼月，中有

酥与饴",古人提及最多、最青睐的糕点是月饼。

　　月饼,是中国的传统糕点之一,象征团圆。中秋食月饼的习俗始于唐,兴于宋,盛于明,今日,更为盛行。因饮食习惯的差异,月饼也分很多种。馅料饱满、外皮洁白的徽式,澄黄微油、油而不腻的滇式,酥绵醇厚的晋式等,五花八门,不一而足。甚至,还有颠覆传统的冰激凌月饼、茶叶月饼、冰皮月饼等,每一种都别有风味。

　　除了月饼,"纤手搓来玉色匀,碧油煎出嫩黄深"的渭南环饼,"面脆油香新出炉"的馕(胡饼),"内府初尝"的赤枣糕,"从渠乳酪鲜"的乳酪,也都是不可多得的食中佳品。

　　美食有百味,人生亦有百味。

　　世界那么大,我们得去看看;美味那么多,我们得去尝尝。哪怕,无法品味其中的情怀眷恋,只要能在寻寻觅觅中,寻到那与众不同的滋味,其实,也很好。不是吗?

图说天下
国家地理系列

跟着诗词去旅行

选题策划：巨视图书
文稿撰写：木　梓
文图编辑：白海波
美术编辑：苟雪梅
图片提供：视觉中国
　　　　　北京全景视觉图片有限公司